大夏书系·教育随笔

教育是美的

柳袁照 著

华东师范大学出版社

ECNUP

全国百佳图书出版单位

给美的一瞬
赋予教育的诗意

不知从何时开始，我喜欢读图。一些名画，我会找来读。后来，对照片，尤其是一些经典的照片，我也会爱不释手。再后来，自己拍照片，拍了照片自己欣赏，会对着照片，写一两句话，兴之所至，随性而写，只是自己的感悟。渐渐地养成了习惯，留意周边事物，留意自己走过的山水，故乡或远方，大山大水、森林草地是这样，剩山残水、溪水河流也是这样。把风景看成是一幅画，把普通的场景也看成是一幅画。

我们的学校是一个美丽的地方，许多人来了，都说美，说是一所像园林一样的学校。我说，错，我们不是像苏州园林，我们就是一座苏州园林，是一所在园林里办的学校。苏州园林的美，是气质，是气息，是需要我们去细细体悟的。静下心来，把自己融入其中，方能体会到其中的奥秘。从操场去食堂的路上，有一堵墙壁。我立于这堵墙壁前很久，墙上的藤蔓大多已经枯萎了。只有几支茎蔓上挂着几片叶子，叶子也是枯萎的。在冬日温和的阳光下，它们被微风吹动，给我的感觉就像在写诗，就像在粉墙上绘画。那画笔、诗笔就是藤蔓，那微风就是这支笔的灵魂。灵魂终于在这个冬天跑了出来，把自己对这个世界的盼望，幻化成粉墙上不安分的不时晃动的影子。这是那天我在这堵墙壁前的感受，其实，这堵墙壁很普通，在苏州的大街小弄里，抬头就能见到。除了欣赏那些美景之外，我们如何也能欣赏那些普通的事物，把普通看成不普通，把平常看成不平常，把所有普通、平常的事物都看成富有诗意的事物？

我们校园里除了有明清建筑之外，还有几幢民国建筑。民国建筑的墙一般是清水砖累叠而砌成的。我走过路过，总会有些感受。那一天，选好角度，拍了照片。发在微信朋友圈里，边上写了几行字："一块块砖，垒成了岁月。每一个人的岁月，别人看来几乎都是相同的履历。从低到高，从外向里。春花夏叶，秋果冬藏。墙上爬满沧桑，斑斑驳驳，挥不走纠缠与凌乱，才属于内心的自己。"引起了许多人的共鸣。我相信，这些感受是我的真实感受，是我内心的真实感受，既属于自己，也可能属于别人。美、善良、坦荡、擅长感悟，是人的核心素养。同样相信，一个爱美的、善良的、襟怀坦荡的、能面对一草一木获得感悟的人，一定是一个好人。人与人之间的思想、情感往往都是相通的、有默契的。这样有共性的人在一起，都会是相互的阳光雨露。

从日常生活中感悟教育，我认为是一个老师所必须具备的品行。我们的前贤都有这种情怀，比如，范仲淹面对岳阳楼的一张图，就写出了《岳阳楼记》。范仲淹舍家开办学校，身体力行，为教师做了一个榜样。与他同时代的王安石、苏东坡等都是如此，《游褒禅山记》《赤壁赋》等名篇，哪一篇不是对天地万物、草木鸟兽感悟后的经典？做一个有人性的人，人性是情怀的起点。其实，爱、温情，也不只有人类才有。我相信一切生命的深处都有最柔软的地方，会让最坚硬的物质融化。能体察万物，方能对万物有所感怀。我所期待的教育，所期待的校园，所期待的课堂，应有这样的温情、深情与柔软。我们的有效课堂、我们的教师专业发展、我们的校本研修，如何上升到如此的

"道"的层面，而不是一直处在技术、方法等"术"的层面，从中我们可获得一些启示。

这几年，微信的兴起，拓宽了人的视野，创新了人与世界接触、交流的方式。我使用微信，不仅仅是为了获得信息，或交友联系。我把它作为我与世界交流的"中介"，通过它去聆听世界，去与世界对话。经过一番思索后的对话，是带着自己体温、自己情感的"表达"。微信朋友圈里记载着这样的过程，储存着这种过程中的重要信息。更可贵的是，微信这个载体，不是封闭的，而是开放的。人人参与建造这个平台，人人又可以到这个平台上放置东西、获取东西。有幸于两年前相遇、相识大夏书系的朋友们，李永梅女士最先与我说，我的看图说风景、看图说教育很有趣，可以为我出一本书。去年十月大夏书系在江西弋阳举行了一场教师读书活动，邀请了我。讲演中我列举了一幅幅美丽的图片，以及给我的感悟——从中如何触发我去直面现实的教育的例子，引发了与会者的浓厚兴趣。大夏书系的首席编辑朱永通先生对我说，把你微信中的"看图说话"整理下吧，出一本"看图教育"。不久，果然收到了大夏书系的出书合同。

经过一段时间的酝酿，永通先生发来短信：关于体例，我想了无数方案，如按门、书、学校等来分辑，最后都被一一推翻。现分上下卷，每卷 12 篇（辑），一甲子 60 年，12 年为一生肖年，而每年十二个月，每卷 12 篇（辑）暗含年复一年的时间观念。此书决定四色印刷，具体设计方案我会发给负责的编辑。我争取让同事杨坤来责编此书，因为她是摄影高手。整理此书稿，我受益不浅，感佩兄饱满的诗意和独立的灵魂，敬茶。

如此用心真让我感动，永通先生是知己，是能洞悉我图文奥秘的知己，假如我的图文有一点点奥秘的话。编辑能与作者有审美默契是一个写书人的福分。前不久，去了一处深山，随手拍了几幅照片，又随手把照片发在微信朋友圈里，并这样留言：喜欢这里吗？喜欢这几张照片吗？照片上的景致一定会比现实好得多。为何？它有取舍，它有角度，它有表达。进入这个山里的小村庄，阴天，一切都是灰蒙蒙的，景致是灰蒙蒙的，拍出来的照片也是灰蒙蒙的。当离开回望的一瞬间，太阳出来了，一切都不一样了。景致明亮，照片也明亮。这个小村庄什么也没有变，始终是这个样子，只是阳光的缘故。

我写上述一段话，是想说明，经过艺术加工之后，与原物体相比，会不一样。我本身的看图说话，与编辑之后的看图说话，不一样了。净化了，美化了，体系化了，凸显了意义。前几天，我在厦门的集美，那是我三十年前曾去过的地方。坐在我曾坐过的集美中学面朝大海的那些绝美的台阶上，不由自主地有了诗意，我说：总会有一个地方，去了还会去。坐过的台阶，我竟又坐了上去。我看风景已不是从前的风景，我看行人匆匆也不是我见过的行人。我又坐在原地，可我自己也早已不是我原来的自己。我看天空的雁行，如绸带舞动。我听大榕树下的海潮，呜咽阵阵。

此刻，我又遇到了这样的情形，内心澎湃的情形。今天，我在深圳。应邀参加全国大城市教科院联盟成立活动，来作一个演讲，我的题目是《教育是一场诗意的旅行》。当我将踏进会场的时候，正是太阳从海边升起的时候。多美的一张图片啊，赶紧配话，整理一下竟成了诗，题目是《大梅沙海滨的早晨》：

渴望与期待
只是一瞬间
一瞬间的美
转眼即成记忆
期许与失落
只是一段旅程的距离
船已停泊

島屿安睡

心中满满的柔意

此刻，都成周身挥之不去的气息

是啊，这本书的许多照片，都是美的一瞬，不过，我把它们留了下来，赋予了诗意，赋予了教育的蕴意。那是我 2014 年与 2015 年，这两年中所遇到的无数美的瞬间的感动与感悟。我唯有感恩，感恩我所遇到的一切。自己的书，如自己的孩子，自己的孩子总盼望他长大，作为书，所谓的"长大"，则是希望被读者认同认可。现在，进入了冬天，冬天是寂静的。不正好还人间一个清净，还自己一个清净吗？潮如涌的季节已经过去，现在完全可以静下心来多多修身养性。

柳袁照

2016 年 12 月 10 日，于深圳

目　录

下　卷
生命体悟与教育之美

上卷

生命成长与教育之美

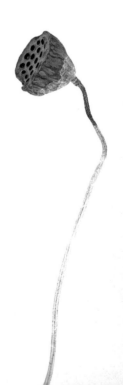

第 1 篇

教师是什么

　　我曾在许多场合问大家一个问题：教师是什么？一下子还真把大家给问住了，他们回答不出来。教师是什么？即使教师自身，哪怕是名教师、特级教师，问他，他一下子同样也是回答不出来。教师是什么？传统的说法是"蜡烛"，燃尽自己，照亮别人。现在，又突出说是一种"专业"，强调"专业发展"。唯独忘记了教师首先是"人"，教师的专业发展，包含着"人的生命成长"与"教师的专业成长"等不同的层面。

　　去年，我曾去了西藏的墨脱。墨脱本身海拔并不高，但它是一个盆地，四周是连绵的、险峻的、高大的雪山、雪峰，因而是西藏最难到达的地方。雅鲁藏布江穿越其中，奔腾的江水，劈山开岭，在大山里穿行，最壮观的是墨脱境内的雅鲁藏布江大峡谷，本当直行而去，竟绕着一座山，拐了一个圆圈，再顺势而出。我曾站在它的边上，领略它的气势，看白云在它身上遮盖、掀开，如棉被、轻纱。那一刻，我想到了教育，特别是"教师专业发展"。

　　强调"教师专业发展"本身并没有错，在教师没有专业发展的时候，强调它，是对的、必要的。几十年过去了，当初提这项要求的背

自然形成的河流，蜿蜒曲折，没有规律又有规律，与天地山川相呼应，有无尽的魅力与美妙。教师，何尝不是？

景，已发生了变化。其内涵有没有实质性的丰富？实际的情况是变异了，"专业发展"的内涵不断窄化，在实际操作中，被狭隘地理解。框定教师在"本学科"、"本课堂"、"本学校"内的发展，被"圈养"在一个相对狭小的时空范围内。

站在雅鲁藏布江墨脱大拐弯的地方，我在反思自己：所谓人的专业发展，是不是就是走捷径，就是尽快在岗位上成才？教师是不是也当如是？职业发展与生命成长是相联系又有区别的两回事。人是不是还应该多一些爱好、个性与特长，甚至看似与职业关系不那样密切的爱好、个性与特长？教师专业发展的前提，是人的发展。我不太喜欢用"教师专业发展"这个概念。就像我不喜欢用"有效课堂"或"高效课堂"这个概念一样（同样是被异化、窄化的概念，在实际的操作之中，往往与高考、考试相关度高的课堂被称为"有效课堂"或"高效课堂"）。在教师发展这个课题上，我喜欢使用"教师的生命成长"这个概念。何时能在日常的学校工作中，把教师发展中"人"的发展，真正摆上重要位置呢？

最近，我去了中国科学院下属的地理所，观摩了那里的河流形成的实验现场，原来所有的河流，以自然的力，在自然的地形、地质条件下，都不会形成"笔直"的河道。自然形成的河流，蜿蜒曲折，没有规律又有规律，与天地山川相呼应，有无尽的魅力与美妙。教师，何尝不是？有"成才"的捷径吗？有的，那也与河道一样，是人力所为。许多学校，也包括我自己，都曾提出"走捷径"的教师目标，比如，"一年站稳讲台，两年成为课堂能手，三年校园成才"（不能说它都不对，这样培养新教师也能有"成效"），不过，总感觉缺少什么。不重视教师的个性特长，忽视他们的兴趣爱好，把他们往"课堂流水线"上赶，实质是想把他们早日培养成为一个"流水线"上的合格操作工。

去年，某市一位教育局长，突然给我发了一条短信，问我：你认为一个学生最重要的品行有哪些？我不假思索地回答：情怀、担当、原创性。这位局长又问：老师呢？我又不假思索地回答：情怀、担当、原创性。当下社会最缺少什么？我以为就是情怀、担当、原创性。让未来的社会更阳光起来，必须以我们老师的情怀、担当、原创性影响、培养学生的情怀、担当、原创性。然后，才能以孩子们的情怀、担当、原创性去支撑未来社会的情怀、担当、原创性。当下，我们的教师专业发展的实践之中，在多大程度上，把情怀、担当、原创性摆在了应有的位置上？从捷径上走来的老师，到了四十岁以后，高级职称拿到了，特级、正教授职称也不想要了，会出现"职业倦怠"现象。如何不倦怠？如一条笔直的河流，流到东是这样，流到西是这样，在不同的时空位置上，周而复始，都如此，如何不倦怠？曲径通幽，山回路转，才是风光，而且时时有不同的风光。

有人提倡像"叶圣陶那样做老师"，这话会给我们许多启发的。假如在今天，叶圣陶可能是个"不合格"的老师，其他不说，单他的普通话就不标准，一口苏州方言，或一口苏州官话，普通话专业证书一定拿不到，"专业化"程度不高。在教书的同时，还写小说、散文，一心两用，专业态度不端正。以今天教师专业化标准来要求叶圣陶，叶圣陶如何能成为一个好老师？可是，叶圣陶在中国现代中小学教育史上，特别在中小学语文教育史上的地位是很难撼动的。又比如杨绛，曾经是我们学校的学生，后来又成为我们学校的老师，还当了一年的校长，在读书、教书的时候，就显示了她的文学才华与人格魅力。中途，她离开了学校，离开了教师的岗位，终成一代"大家"。以现在的教师专业标准衡量，她也不是一个称职的老师，她没有读过师范，没有教师资格证，专业思想也不坚固，校长王季玉几次三番地挽留她，她都执意不回头。那几年，我们去拜访她，她可爱地先问我们承认不承认，她当过校长。她很看重这段历史。她影响了无数人，她的作品影响了无数人。我们能狭隘地要求老师只在"教室"、"校园"内发展吗？叶圣陶、杨绛都是像西藏雅鲁藏布江一样的人，他们奔腾而来，奔腾而去，其间，还会波澜不惊、静静地流淌，顺其自然，大拐弯是壮观，小拐弯是柔美。这样的老师，何其少！原因呢？

教师，不仅仅只有"专业"，很重要的是他们所拥有的"人生"。对教师本人来说，这很重要。我曾对老师说，现在，教师职称制度需要论文，我们趁年轻赶快完成它，把一生需要的论文都准备好。然后，去做原创性的事情，假如是语文老师，则一边教书一边创作，可以写散文、诗歌、小说。这些散文、诗歌、小说，对我们语文老师来说，就是叶圣陶所说的"下水作文"。今天，许多语文老师都不会写作了，更不要说创作，对高考作文的指导，只是一味地让学生模仿，教他们"套作"、"转换"，我们时不时会听到满分高考作文刊登于报刊之后，被举报是抄袭之作。这不可悲吗？

这几年，我们发起"诗歌回归中学校园"活动，启动"全国中学生校园诗会"，定期出版师生诗集。在高考作文"体裁不限，诗歌除外"的背景下，让学生读诗，不为把他们培养成诗人，而在于他们需要一生拥有诗人的"情怀、担当、原创性"。要做到这一切，前提是老师必须是一个有"诗性"的人。我们的语文老师，从教材出发，离开了教材，去系统地研究、对比中外诗人与同一时代的诗歌之流变，研究诺贝尔诗人，研究苏州诗人，研究《红楼梦》诗作，等等，并出版相应专著，以及诗歌、散文作品集。这样的"游走"，其实是在最柔软的地方，让灵魂与灵魂相遇与融合。这样的状态，渐渐成为学校的常态、教师的常态，悄无声息却涵养着教师们的生命成长，同时，更影响着学生们的生命成长。

教师是什么？教师首先是人。在教师发展的问题上，我们首先必须着眼于"人的发展"。狭隘的、片面的观点与做法，都是错误的。跨界的、交互的、综合的、辩证的观察、思考，或许有益。走出去，才能回来。离开自我，才能找到自我。教育也一样，老师也一样，走出去，才能回来。离开学校，才能找到学校，离开专业，才能回到专业。

2015 年 9 月 18 日

我们校园中的西花园，是很美的一个园子。美在树木花草，一年四季呈现不同的美，美在所有这些生命，一派自自然然的样子，不做作，不消沉，不夸张。尤其是古木森郁，遮天蔽日，人在影下走，如在浓妆的历史时光里走。历史的底蕴、文化的底蕴、教育的底蕴都在其中。上世纪三十年代初，某一届学生毕业前夕，建造了一条石柱长廊紫藤架，岁月流变，学校百年校庆前夕，已经破落不堪。我们按照原来的格局，走访了苏州园林内的所有紫藤架，再对照老照片，将紫藤架修旧如旧，又种植了几株紫藤。我希望紫藤尽快爬满架子，春天紫藤绽放的时候，馥郁而典丽的紫藤花坠满长廊。

可是，几年以后，紫藤仍然稀稀落落，架子上几乎是空荡荡的。又是几年以后，紫藤依然稀稀落落，架子上仍然几乎是空空荡荡。十年过去，依然如此。有一天，无意识抬头仰望，紫藤架周边的几棵银杏树、榆树、朴树，树冠映入空中，阳光透过层层叶隙，垂落、碰撞，闪射火光，有银色的、有金色的。令人诧异。诧异还不都在此，于紫藤架上都爬不满的紫藤，竟然昂扬地蹿上了朴树，朴树高大挺拔，几乎遮住了天空一角，而紫藤一路攀登，见枝抓枝，见叶抓叶，只要是

向上的枝、叶，它都紧紧地抓住，勇敢地向上攀爬，紫藤一大片依附在朴树上，一片一片的花，在明亮的阳光下，闪烁，如花的瀑布，倾泻，可眨一下眼，似乎如花的瀑布又正向上流淌。抬头仰视，头一时放不下来，仰在那儿，几乎呆住了。人一步一步后退，退到远处，朴树上的紫藤借势而生长，美丽而壮观。

那天，上海、浙江、江苏三省（直辖市）的教育报刊社联合来学校采访，我陪记者走在西花园。我们走在林荫下，我让记者们欣赏紫藤爬树的美景。紫藤架，从历史中呈现着悠然的面貌，可是紫藤却不愿在其中、在其上攀爬。为什么？紫藤架在树底下，银杏树、榆树、朴树树冠葱郁，紫藤怎么能健康、正常生长？大树底下连草都不生。面对此情此景，自然，我们说到了名校、名校长、名老师。如何处理好大树与小花小草的关系？从某种程度上说，大树即名校长、名教师，小花小草即普通校长、普通教师，也可以说，大树即名校、大校，普通学校即小花小草。如何处理好其中的关系？从紫藤与朴树之间的那种"你遮我蹿"的现象，是否可获得启示？

前一阵子，大家都在议论河北某一所被超级关注的名校，在安徽、浙江创建分校，社会热情，教育内部也引发热议。对，还是不对？我去山东某城市作教育交流，当地的校长告诉我，北京一所名校也将去那里办分校。我有一点惊讶，如此之后，当地的学校怎么办？我知道加拿大的一枝黄花，色泽亮丽，常作为插花中的配花。可80年前作为观赏植物引入我国，繁殖力超级强，对本土植物的生长造成严重威胁，原因是争阳光、争肥料，黄花过处寸草不生。还有巴西龟，原产于美国、墨西哥，因为此龟兼具药用、观赏、食用等价值，又价格低廉，极易饲养，被各国大量引进饲养，在整个世界泛滥成灾，被列为世界最危险的100种外来入侵物种之一。当然，我在这里以此比喻那些名校异地建分校，并不妥当，不能简单地同日而语，两者还是有很大差别的，甚至有本质上的差别。

为什么一枝黄花与巴西龟有如此旺盛的生命力？除了物种的属性特点之外，还有没有什么原因？它们具有旺盛的生命力，本身没有错，错在人为地破坏了它们与其他物种之间的平衡。人们不恰当地引进，又没有作好相应的防范、保护措施，因而，给当地的其他生物带来灾难是在所难免的。教育、学校里类似一枝黄花、巴西龟的现象的产生，原因是什么？良好的教育的、学校的生态环境，是教育、学校正常发展的基础，也是教育又快又好发展的最宝贵的条件因素。教育生态的多样化，是以教育生态的和谐为前提的。浙江、山东的教育生态，相对来说是保护得比较好的区域，"外来物种"可以引进，不过配套措施还是要提前并充分准备的。

事物与事物之间的关系，既美妙又微妙。有得有失。关键在于能否善于平衡。比如，上文我说的我们西花园紫藤与高大的朴树之间的关系，即是如此。婆娑的朴树底下，藤萝是无法在紫藤架上获得充分生长的，但也不是一点机会也没有，伸出自己的藤蔓，努力勾住朴树的枝条，一点一点地抓爬，一点一点地上升，把紫藤花开满在树冠的一角，与朴树既争阳光雨露，又相互映衬。学校与学校之间，强势与弱势，都是相对的，正如紫藤与朴树之间的关系，既残酷又美妙。不是吗？我们的西花园正有这样的昭示。

2017 年 4 月 27 日. 西花园

生命的痕迹

　　深秋初冬的雨就是多，特别是江南，小巷深处，雨一直下着。银杏叶黄了，梧桐叶黄了，金黄的叶子，有的在树上，有的在地上。迷蒙的园子，一草一木都在迷蒙之中。第三届中国陶行知研究会生命教育专业委员会学术年会，正在振华堂举行。"两岸四地"的生命教育专家、学者济济一堂，学术气息与西花园的秋意一样浓郁。

　　作为东道主，我上台致辞：七十多年前，陶行知就在这里给振华的学生作演讲。他说振华是"数一数二的学校"，他说他一生崇拜的女性，第一个是爱迪生的母亲，第二个是沈骊英。沈骊英是振华的学生，后来成了振华的老师，沈骊英是费孝通、杨绛的老师，她的儿子是沈君山，沈君山曾是台湾清华大学的校长，沈骊英的丈夫是沈宗翰，沈宗翰是台湾科学院前院长。七十年以后，中国陶行知研究会生命教育专业委员会在这里举行年会，那是历史对陶行知的感恩。这样的情形，是何等富有情意。

　　我曾多次去西藏，都会为西藏信徒的磕长头而感动。磕长头，是执着，是内心的外在呈现。其实，我们每个人也都有自己的执着，只是藏在内心，不轻易表达、表露出来而已。一个人的一生，都是磕长

生命的意义在哪里？生命是一拨又一拨的人走过、来过，留下的、带不走的是生命气息，无时无地不在，生命在这个园子里放射光彩。

头的一生。振华堂现场，代国宏正在演讲。他没有双腿，正坐在讲台边缘的地上，与我们讲他的故事。他是北川的学生，地震时被压在废墟之中两天两夜，他握着他同桌的手，感觉着他同桌的生命慢慢地离去。他失去了双腿，但他成为了一个优秀的运动员，他没有双腿，但他爬上了武当山，还收获了与一位美丽姑娘的爱情。在振华堂的讲台上他飞跃而上，飞跃而下，即席做了五十个俯卧撑。他是一个拥有真正生命的人，实现了美丽的生命价值。他是最好的教材，他是最好的生命教育的课程。

在会议即将结束之前，我被请上台去，表达对东道主的谢意，我即席讲述了上述内容，并发在微信朋友圈里，一个朋友说：你为何让我流泪？我回答说：因为我也在流泪。什么是生命？生命为何而来？如何让我们的生命有价值？这些简单又古老的问题，谁能说得清楚？代国宏对生命的执着，不是一直在磕长头吗？没有了双腿，他仍然不离不弃，磕着长头。

　　此刻，江南依然笼罩在烟雨蒙蒙之中，我们的园子也同样如此。生命教育年会按时结束了，可专家学者仍然留在振华堂兴致正浓。如此情形，何其有幸。连续两天的会，台湾、香港的专家学者，都没有来得及看看我们的校园。原本准备去看苏州园林，可仍坚持还要来一下校园，说是补课。原准备待一小时，结果待了半天。沈宗翰、沈骊英、苏雪林、沈君山都是港台教育人士所熟悉的人，在这个园子竟见到了他们的踪影。孙效智教授、纪洁芳教授、李坤崇教授等，也都是很有建树的人，纪洁芳还被称作"生命教育之母"，他们为这个学校而感动，说以后还要来。纪洁芳站在"康乾台"前，忘我地用古音吟诵了一首古诗。生命的意义在哪里？生命是一拨又一拨的人走过、来过，留下的、带不走的是生命气息，无时无地不在，生命在这个园子里放射光彩。生命最美丽的时刻，也许就在人们不经意的一瞬间。一瞬间或许就是永恒，永恒只是一次花开花落。

　　刚送别参会的宾客，走回园子，又遇见一拨人。原来是苏州博物馆的一群志愿者来此参观。汪老师在给他们讲解，像一个导游，我们的师生都有导游的潜质。苏州博物馆的一些珍贵的藏品都是这个学校的创始人的女婿、网师园曾经的主人、同盟会元老、钱三强的岳父何亚农所捐赠。历史是多么的有趣又有缘？周而复始，说得清又说不清。踏在园子里的每一条小径上，感受到的都是生命的痕迹。历史是生命，现实是生命，我们面对的都是鲜活的蓬勃的生命。

　　历史有时呈现着不可思议的美，让我认识到先人的不可思议的智慧。传统，在现实世界之中又是不可寻的，甚至在梦中也无法对应。这个园子的梧桐树叶子黄了，这是凤凰栖息的树。银杏树叶子黄了，这是古老的怀旧的树。深秋初冬的小雨，让一切都蒙上了雾纱。藤蔓在墙壁上的变化，是生命的变化，从绿到黄，从黄到绿，是一点点的变化，在不知不觉中完成蜕变。生命是一朵花，有绽放，也有凋落。一阵风，吹来，春意荡漾，吹过，满地落荒。1699 年康熙皇帝在这个园子里，写了四个字"修竹清风"，如今清风依旧，修竹依旧。我们是在一所园林里办的学校，古树名木，亭台楼阁，一步一景，庭院深深。翠竹、银杏、梧桐等，在初冬的细雨中微微摇曳，这场从深秋下到初冬的雨，这番诗情画意，滋润着生命，一直还这样下着。

2015 年 11 月 24 日

时间袅如轻烟

　　江南梅雨。雨中，自主招生考试正在进行。巡视考场，悄无声息。时间袅如轻烟，一批又一批的学生，进来又出去，如雨，落了又停，停了又落。今年，江南的雨水多，使苏州成为了一个水世界。所有的事物都在水中，水成了真正的主宰。我们校园怎么样呢？瑞云峰的水池，满满的，底座也都浸润于水中了。我来学校十多年，当下是瑞云峰水池最饱满的日子。倒影于其中，两个瑞云峰相辉映，一真一幻，美哉，别样的六月的校园。

　　那一天，是六月六日，校园安静极了，再过一天这里就要做高考考场。十二年的寒窗，终于要温暖了。教学楼将成为考区，挂出了横幅，言语富有情趣。元培楼挂出的是："穹顶之下今日祝福的阳光打在脸上诸君可知蔡先生也是醉了；青葱年华九月五彩之梦想照进现实各位请看这世界那么大啊！"（巧妙地用典，蔡先生，指蔡元培，他曾为校董，本楼为纪念蔡先生，而叫元培楼。）本严肃得几乎会让人窒息的考场，由于这条标语，一下子，气氛轻松了起来。高三的一位女生，在最后的时刻，遇见我，邀请我与她在教学楼前留影。小鸟在楼旁的桂花林里鸣叫，一切都是那么美好。

对校园里的每一棵树，我们都曾认真地欣赏过它们吗？每一棵树都是不一样的，正如我们的学生，我们都认真地欣赏过他们每一个与众不同的美吗？

　　过了一天，六月七日，外边戒备森严，里面人头攒动。多可爱的考生，临进考场，个个还在抓紧时间，看最后一眼的书本、习题、练习卷。我在心里对自己说，再不要说他们不刻苦吧。平时想多玩一会儿、多看一会儿电视、多打一会儿篮球、多听一会儿音乐，都是正常的，是天性。关键时刻，他们何尝不让我们感动呢？每一场考试，形式上都是一样的，但是，只有少数的几场决定人的未来走向。现在，他们遇到了这样的场景。必须理解他们，不仅仅理解他们的当下，还要宽容他们的过去。对他们表达敬意，即表达对未来的敬意。对校园里的每一棵树，我们都曾认真地欣赏过它们吗？每一棵树都是不一样的，正如我们的学生，我们都认真地欣赏过他们每一个与众不同的美吗？

　　再后，是六月八日，下午外语考试。每年的这时候，我都会坐在元培楼前的桂树林里。这个林子里的桂花树，有的树龄已有两三百年以上。林子三面是考场，最受关注的外语听力正在进行。家长对知了的鸣叫都要干涉的一场考试，需要一丝不苟。去年，也是在这个地方，在前方的树枝上栖息着一只鸟，那只鸟今年又在哪里？鸟鸣林更幽，倾听鸟鸣，每一只鸟的鸣叫声，都有细微的差别，如亲人陌生人，如喜悦忧愁。我们都体悟到了吗？透过树枝树叶，抬头看天空，蓝天白云，久违的清澈的天空。上午一场大雨，使天地一片澄明。我们对学生何尝不如是，我们能够多做些就多做些，能够给予别人多些余地就多些余地。你看，天空在洗净了大地的同时，也洗净了自己。

到了六月九日，下午四点四十分，铃声响起，一年中"最伟大"的考试，结束了。考生从考场出来，家长在外迎接，队伍不亚于迎接凯旋的将士。欢迎，欢笑，献花，拥抱，无数的相机聚焦在考生身上。相互祝贺、祝福，相拥、相举。十二年的中小学教育，从这一刻开始，画上了句号。走出校门，意味着就将跨过了人生的"分水岭"。这一步何其艰难，一旦来到，又何其突然。年年如是，恰如墙上的藤蔓。到什么时候，呈现什么状态。五月苦，六月忧，真是一岁一枯荣。

高考之后，校园生活并没有结束，六月十日，原来高三的元培楼，一片宁静。可楼下过道里，却摆放着几张桌子，一群高三同学正在摆着摊位，把自己读过的书，做过的练习册、听课笔记"出卖"。读书三年，完整的记录都在那儿，有的人自己收藏了，有的人却要出让给学弟学妹。东西很珍贵，三年的练习卷，三年的笔记本。出价也不高，三年的一套语文练习，卖一元钱。我收购了两套，给他们十元钱，说不用找了，他们回答道，校长多给，我们也不客气，就收下了。我相信，要不了多少年，这些都是珍贵的"文物"。这个园子里的学生，从不撕书、扔书，只是"设摊传承"，年年如此，一届传一届。

六月的江南，一会儿雨，一会儿阳光。六月的校园就是如此让人不舍、让人期待，又让人忧伤。每年六月上旬围绕高考的那几天，是一个幸福美妙的日子，却拥有这么多的矛盾、复杂，有喜有忧，能言说，又不能言说。校园里的学生，进来是少年，腼腆、稚嫩，出去是青年，踌躇满志、阳光却迷茫。而这一刻，是学生的"节点"。校园里的老师，面对这一切，满足、失落、空落落，又满足、失落、空落落。时间袅如轻烟，一个个、一代代人，就是这样相遇、成长、告别。所有的人，来校园，逗留一段时间，就走了，与时光一样，不可挽留。失落，还是沾沾自喜？现在，还来得及，静下心来，思考、整理思绪，然后，一定是更谦卑而又敬畏地对待校园世界里的那一切。

2015 年 6 月 22 日

有些事情，需要特殊的情景。在交通发达的现代条件下，要一个孩子从早到晚，徒步走完六十里路，非学校、教育的背景不能完成。从凌晨开始，一直走到下午，整整八九个小时，每年都是这样，这是我们苏州十中的教育活动。年年如此，但是，每年的行走，都是独特的"新"的开始。我参与其中，都会感动。

出发前，我在半明半暗的东操场上作动员。我给他们讲故事，我说：你们的学姐学长六年前，也是从这里出发。走了二十多公里以后，几乎都走不动了。我对他们说：走了，就是最好的，不在乎走多少，上车吧。几乎所有同学都对我说：校长，我们都走了二十五公里了，现在上车，不是前功尽弃吗？当我抬起头，一瞬间，我突然发现，所有女同学的背包，都在男同学的肩上了。多好的情形啊。那是第一次行走。第二年，当走到二十五公里的时候，突然，我又抬起头，发现所有女同学的背包仍在自己的肩上。因为她们都知道去年的故事，所以，所有女同学都学会了自立、自强。又是多好的情形啊。当我在动员中这样回忆往事的时候，队伍中一片寂静，然后爆发出热烈的掌声。

天边出现了曙光，我们开始走向太湖。一路上，警车护卫，家长

我们走在路上，融入于自然，在别人看来，何尝未呈现那不竭的生命色彩与活力？我们自身何尝不是风景？

在路边送行。宁静的早晨，被师生行走的脚步打破。春天生机勃勃的景象，出现于古城的大街小巷，出现于孩子们的身上，柔和的阳光，照在房屋上，也照在一路上的花树花枝上。今年二十五公里之后，又会出现什么情形呢？女同学的背包，会被男同学抢背在自己肩上吗？还是仍背在自己肩上？还是又都交给了男同学？我又惊异了：男生走在前面，女生走在后面，女生的背包都在自己的肩上，但是她们都伸出手，拉住男生的背包，不是搀扶，胜似搀扶。温馨的世界，不仅仅局限于成人的世界，孩子们的状态，会更纯美。多好啊，那路边的小花小草，尽管卑微，可相依相靠，如人一般。你看，那树枝上的几只禽鸟，前前后后，一起栖息，难舍难分。教育当创设这样的情景，让学生在日常的生活之中，体悟人生中所有美德之中的所有内涵。

每年的行走方案，都是学生们自己制定的。有一个通过公平、公正竞用的程序。各班级走出校园，展开社会调查与社会实践。然后，学生们集中起来，听取各班的演讲方案与线路展示。最后"公投"，得票最多的胜出。行走的队伍中有一个女孩，一路上，微扬着头，少语，总是若有所思、若有所失的样子。她叫谢瑶鹏，曾代表所在的高一（3）班上台演讲，她们班级的方案近乎完美。她太爱她的班级了，太希望自己的方案被接受。可是，她犯了一个致命的错误。她在台上，直言不讳地攻击了另一个有望夺魁的班级。投票，还有几天的酝酿时间。谢同学意识到了自己的失误，第二天，写了道歉信，张贴在高一教学楼下的公告栏中，希望获得原谅。张贴了一天，道歉信被老师拿下去了，第二天，谢同学又贴上去了。真的很诚恳，不希望由于自己的一时冲动而影响班级。可是，那天公投，他们班最终还是败北了，而且输得很惨。这是一个能让谢同学，让高一（3）班，甚至让所有同学都能深思并从中得到启发的经历。

教育是什么？教育就是为孩子们的成长，把本来栽种在花盆里的花草，栽种到大自然的原野之中。既提供阳光雨露，又提供狂风骤雨。让他们自己去选择，自己去面对，自己去历练。途中，我看到一棵棵树，我欣喜，这些树，不高大，也不威猛，更谈不上妖媚，是一棵棵平平常常的树，但它们健健康康。叶子翠绿，枝干有力。满身的翠绿之中，突然我又看到一朵朵花，这些花正含苞欲放，浅紫红的颜色，高贵大方。树与花相互映衬，各自装点这个世界。那不是我们所追求的状态吗？人的状态、生命的状态。

行走到五个小时的时候，我们到达了灵岩山脚下，那是我们途中的第二个休息点。小时候，我把去灵岩山看成是去远方的梦，坐车没有钱，走又走不动。今天我却带着几百个人的师生队伍，终于徒步来到这里，是真实的梦的实现形式吗？学生真是幸运，一路除了老师陪着，还有家长陪着。一位七十二岁的外公也陪同外孙在队伍里。家长一路走，一路拍，拍完照片，马上发到了QQ家长群中，无疑是现场直播，无论在场与不在场，无数双眼睛注视着我们。电视台记者一路跟随着队伍，一个同学前一天还发烧，可坚持徒步。母亲前来陪伴，记者采访了母亲。母亲说，六十里路，虽然苦，况且还在发烧，带点小毛小病，但那不算什么，必须坚持的。正如高考，虽然严峻，必须参与，对一个中国的孩子来说，不经历高考的人生，是不完整的人生。说得多好啊。

胥口，曾是苏州古城通向太湖的唯一航道。现在，我们又一次在胥江桥下休息。小时候，我去西山，都是从这里进入太湖。许多年过去了，回忆早已遥远。今天随学生一起行走到这里，是圆一个梦吗？胥口作为一个历史的通道，今天成了风景。学校做了一组行走的明信片，发给学生，还做了纪念印戳。同学们纷纷相互签字，也叫老师签字。孩子们在收藏现实，记忆历史。我相信，再过许多年，他们在这里的留影，一定会成为历史的新的明信片。同学们累得几乎要趴下了，相互依靠着。可是，高一（4）班的童澄达，一个虎头虎脑的男生，却从背包里拿出一张化学卷子，找到他们的庄浩老师，请教问题。坐在广场的石阶上，师生两人头靠头，全神贯注，如父子俩，似乎沉浸在阳光照耀下的化学世界之中。从这个场景中，我们又能获得什么感悟？

接近终点，是最控制不住场面的时刻。旗手们，与各班尚有余力或没有余力的同学，都会涌向队伍的最前列，都想走到最前面，所以大家越走越快，近乎小跑。终点的旗帜在望了，一个人冲出队伍，所有的人都会是脱缰的野马，景象之壮观，会令每一个在场的人激动。要知道，那是从凌晨五点，走到下午四点，走了六十里路以后的同学们的奔跑。那不是拼搏吗？像不像今天的高考场面？世界上的任何事物，都能找到它们之间的关联。我们没有感到他们的联系，是我们还没有把握这种联系。这些学生，日常月久地在教室里拼搏，即使精疲力竭了，在最后的时刻，豁出去，还要拼搏。举着红旗跑着的、跷着脚跑着的、搀扶着跑着的，跑得动与跑不动跑成一团的，那就是今天高中生的形象。

　　到达终点，是胜利的喜悦。大家席地而坐，每个班级派代表说一句感悟的话，那种在经历了"大磨大难"以后，说出的感悟，真是精彩得像诗篇。我问他们：假如我们再向前走十里、二十里，谁还能跟着我？有五六个人举手应声。我再问：假如你们再跟着我走十里、二十里，在期末考试中可以给走的人总分中每人加三十分，有谁会跟着我？哈，一大片，手举起来了，应和声此起彼伏。在累得一步也迈不开的情形下，只要考试有分数可加，仍然愿意向前走去，这是一种英雄壮举，是一种豪迈之情，我总感觉其中有些悲哀。不过，尽管悲哀，我仍然感觉到希望的、爱的温馨的气息。

　　我们行走在路上，一路上都是风景。每到一处，行人都会驻足。我们走过，路过，所有的美景，我相信都会映在心里。我喜欢旷野，那些旷野里的小花小草，自由美妙的状态，绽放自己，又为这个大千世界装点美丽。同样，一路上，自由自在的小河，河水向前流，激起水花，再与我们一样，澎湃而去。我们走在路上，融入于自然，在别人看来，何尝未呈现那不竭的生命色彩与活力？我们自身何尝不是风景？

2015 年 4 月 19 日

最近几年来，问我最大的收获是什么，我会毫不犹豫地说：从日常的事物与日常的生活中，感悟教育。面对一花一草，一砖一石，能想到教育；面对一个生活的场景、偶然发生的一件事情，都能想到教育。今年秋天，花园里举行菊花展，由于去得太早，菊花还都没有完全绽放，有些只是花蕾，有些正含苞待放。况花盆在下，人俯视它们，感觉花枝花蕾很弱小。可换了一个姿态，情况就完全不一样了。我蹲下身子发现，所有的花蕾，都在挺直了的花枝上，饱满、多彩、茁壮、自信、充实、阳光。我深有感触，反问自己：我们等待花开，是以什么姿态？放下我们自己该放下的，我们所有的期待都会在一瞬，对着世间绽开。于是我得出结论："要做俯下身子静候的教育"，它成了我坚定的教育信念。

今天，学校的居老师转给我一条信息，他是在家长 QQ 群里看到的。高三（10）班沈霖成的父亲在家长群里说道："尽管之前跟儿子调侃过学校怎么不请老爸去看演出之类的话，可真正等到活动前接到老师的邀约时，我还是不太在乎地在心想，一帮孩子能玩出什么花头来。从下午两点到晚上近九点，七个小时，我从来没有在一张坚硬的板凳

一个普通人的坦荡的、真诚的纯粹更宝贵，人与人之间都能袒露赤子之心，如那遍地绽放的小花，甘于卑微，平等、自信、微笑着相处，更重要，那才是我们教育的本意。

上坐如此之久，而丝毫不觉得疲惫，节目带给我的震撼完全覆盖掉疲倦感和饥饿感，节目之丰富、创意之新颖完全超出我的想象。孩子们的演出或许稚嫩，软硬件设施或许简陋，但他们的激情和欢乐无疑是这天世界上最最充实的。经过自己编排、创意、导演的节目，无一不彰显年轻的活力，也表达出他们最初的梦想。唱自己喜欢的歌、跳自己喜欢的舞，点评一下老师，起哄一下校长，这一晚，十中给了他们最大的包容，这一晚，年轻可以任性。"

居老师给我留言："挺令人感动的。"是啊，怎么不感动呢？沈霖成的父亲被孩子们感动，也被那一天学校包容孩子们的年轻可以任性而感动。我们呢，既与沈霖成的父亲一样感动，同时也被沈霖成的父亲这样真诚的声音而感动。对高三学生来说，这是他们在高中学校最后的一个迎新活动，正如"菊花展"一样，也是绽放他们自己的一次机会。我们老师、家长如何对待他们、看待他们？我们是高高在上俯视他们，还是放低自己的身段、蹲下身子去仰视他们、欣赏他们？那一天，学生们到了活动的最后，只要能听到校长唱歌，我提出的什么条件他们都答应。我呢，只要学生答应我接下来的半年将如何如何地努力，我愿意尽管五音不全也要为他们唱歌。我把自己的校长身份放下，与他们平等地"洽商"，那种场景不就是最好的教育吗？所有的"励志"教育，就在学生的"任性"与老师、校长的"包容"中，不知不觉地完成了。这不就是"俯下身子静候的教育"吗？

我曾看到两则经典故事，一直不能忘怀。一则是主人陪伴女佣的儿子在卫生间用餐的故事。一个女佣孤身带着一个儿子，那天主人告诉她，晚上要邀请一些贵宾，让她迟一点回家。女佣为难了，儿子怎么办？不能跟在身边，又没有地方可以寄放。怎么办？还不能让儿子委屈。女佣对儿子说，今晚要与他到一个最好的地方吃最好的晚餐。于是，女佣把儿子藏在了主人家的一间卫生间，小孩以为那是世界上最高档的餐厅，很高兴。妈妈在客厅里忙碌着，儿子在卫生间期待着。偶然地，主人去了那里，当他明白这一切的时候，自己也留了下来，陪伴孩子，让厨房把最好的菜肴都送一份到卫生间。他俩就坐在那儿，快乐地用起餐来。客人们不见了主人，东找西找，终于在卫生间找到了。大家纷纷拿起酒杯，加入这个特殊的晚餐行列。后来，那个小孩长大了，成为一个心地善良的大企业家。

另一则是饭店伙计把自己的房间让给一对老年夫妇的故事。冬天的某一天，在北风凛冽中，一对老夫妻走进了一家饭店。可是房间已经全满了，老夫妇无奈而难堪，这时，一位伙计把他俩带到了一间温暖的房间，老人很是感激，原来这是伙计自己的房间，那一晚他自己躺在过道的长凳子上过夜。第二天，老夫妇向小伙子致谢，小伙子谦恭地弯腰答谢。不久，小伙子收到一份邀请，说希望聘请他担任刚落成的一家最大最豪华的饭店的总经理。原来，那是老夫妇专为这个伙计建造的，他们是富豪。

这两则故事不是一天读到的，也没有直接的情节上的联系，可我总把他们放在一起回味，也不止一次在自己的文章中提起。那女佣的小孩，多幸运啊，那间卫生间，在他成长的过程中，无疑是天堂，庇护了一颗幼小的心灵，使其免受任何伤害与歧视。第二则故事与第一则故事一样，行善得好报，好人有好报，是如何的美妙！不过，我回味这两个故事，并没有仅仅停留在这一层，我作了进一步的思考：假如那个女佣的儿子，最终没有成为一个成功的富人，只是一个平常、清淡的人，尽管同样的善良，故事的意义又将怎么样？假如那个饭店伙计遇到的老夫妇也不是富人，只是一对贫贱的老人，没有什么来回报他，故事的价值又将是什么？

我们要培养什么样的人？我们如何去保护学生"真善美"的本色？我们又是如何去做这一切的？我曾经在一片旷野，看到所有的野花野草都在绽放的景象。没有谁比谁更高大或更卑微，大家都坦荡、大气，充满生命的活力。我突然感觉到，我们学校动辄就说要培养精英、培养领袖，是有问题的。这个时代是缺少精英、缺少领袖的时代吗？对任何人，都不能从小绝对地夸大他们的优越感。一个普通人的坦荡的、真诚的纯粹更宝贵，人与人之间都能袒露赤子之心，如那遍地绽放的小花，甘于卑微、平等、自信、微笑着相处，更重要，那才是我们教育的本意。

因而，我从多年的教育实践以及对世界万物的点滴感悟中，体会当下迫切地需要做那种"甘于卑微"的教育。"甘于卑微"的教育，就是甘于放下身段、蹲下身子静候的教育，那个女佣的主人陪小男孩在卫生间一起吃晚餐，"卑微"自己，在"卑微"的晚餐中完成神圣的教育。那一对富翁老夫妇，同样"卑微"自己，不露声色，完成了发现"真善美"的神圣使命。

我曾经一个人在旷野，那里开满着格桑花，寥远、旷达、美丽又苍凉。开始，下了一场雨。雨不大也不急，一切都是清新的气息。当我躲雨后再一次出现在旷野的时候，一切都不一样了。天空碧蓝，有的地方有云彩，有的地方没有云彩。有云彩的地方，突然，漏出一个云洞，阳光就像雨一样落了下来。雨淅淅沥沥地下，整个世界都在"雨"中。天地静谧，只有阳光雨。阳光雨有声响吗？似有，又似无。教育不正是阳光吗？但是如何洒下阳光？"阳光像雨一样落下来"，仰望星穹，需要我们不断思考、探索，去进入一个更美好的境界。

2015 年 1 月 5 日

写下这个题目，有点欣喜，也有点心酸。一棵树，等待下雨，说明它渴望已久了。我们园子里有这样的树吗？是不是最隐蔽的、最角落的那棵树，高大的、嶙峋的、似乎倾倒又似乎没有倾倒的那棵树？盛夏刚过，火辣辣的阳光虽然已经退却，可是有时仍然闷热的天气，依然会让人有点透不过气来。

几天前的一个傍晚，还未离开校园，我接到一个陌生的电话。说我们学校有一个退休教师，抗日战争期间，参加过"远征军"，他说，他是这位老师的学生，近期会去他家看望他。我问他是谁，没有回答，随即挂了电话。赶紧查阅档案，其人确实如是。他叫童光宇，今年九十一岁。1943年去了印度，然后去了缅甸，是坦克兵。在这之前是复旦大学的学生。从档案资料之中，可见一张熟悉的面孔。几张照片，记录着人生，一张是大学生模样，朝气阳光，满脸是青春的渴望。一张穿着军装，英俊潇洒，却掩饰不住几分忧郁。一张是退休时的标准照，稀疏的头发，苍老的容颜。

暮色之中，我们匆匆去了童老师家，途中，我给秦兆基老师打了电话。我问：童光宇老师参加过"远征军"？回答：是的。再问：我

今年春天，一场春雨过后，它突然开花了，异常美丽，每一根树枝上结满着缤纷的「玉米」，一条「玉米棒」上，又盛开着一朵朵红的、黄的、白的小花，满满的，满树都是。

们怎么不知道？回答：他人很低调。这个是历史"污点"，谁会张扬？我又问：童老师教过我吗？回答：教过，他是生物老师，当年是教你们"农基"的。敲开了童老师家的门，九十一岁的老人，行动虽不那么利索，但思维清晰。倒茶、让座，童师母一同热情地张罗招待我们。1952年，童光宇老师由姐姐介绍进了振华女校做老师，校长是王季玉，他的姐姐是童英可，苏州教育界响当当的人，是江苏省第一批特级教师。童光宇老师一生暗淡，从1965年开始就被迫参加各种"改造类"的学习班。我们在抗战胜利70周年之际，代表组织去看望他，他很高兴。我在手机上给他看翻拍的他当年的老照片，他神情专注，久久凝视，历史就是如此残酷又仁慈。我们还得知，童师母是振华的毕业生，当年王季玉校长教她英语。童老师的大女儿也是这个学校的学生，是1968届毕业生，她就住在父母家的楼上，闻讯赶来。说起童老师参加"远征军"这个事，她十分平和、平淡。她说，父亲是他们兄妹姐弟中间最聪明的，可命运却最差，两个姑父都曾是解放军的大军官。

李根源曾担任过我们振华女校的校董，是云南腾冲人。由于这个原因，前几年，我专门去了腾冲。到了腾冲我知道了一些有关"远征军"的可歌可泣又哀伤的故事。腾冲"国殇墓园"掩埋了上万"远征军"将士。我还去了湖南衡阳，到了那里，才知道有一个"衡阳抗战英烈祠"，那里发生过一场最惨烈的中日之战。去那之前，竟然浑然不知。此刻，我望着童光宇老师，心里还是涌出了欣慰之情，他是"远征军"中的幸运者，他能活着回来。活着就好，虽然曾经被压抑。童老师走下楼梯，送我们出门，离开他家之后，我随即在微信朋友圈中留言：被童光宇老师教过的校友们，有空去看看他，就住在学校附近南园桥下新村。他有着传奇经历，却遮掩了一生。据说，他这次仍拿不到抗战纪念奖章，因为他又从"远征军"回到了复旦校园继续读书，没有战到最后。

我们的校园，今年在还不是桂花盛开的时候，飘满着桂花香，而开得最盛的地方，是织造署大门内庭院。那里有三株高大的桂花树，是 1966 年、1967 年、1968 年三届学生种下的，那是在他们毕业以后许多年才种下的。校门口的两只清朝留下的石狮子被他们焚火烧坏了。他们忏悔，现在是最爱母校的那一部分人中的骨干。几天之后得知，给我们打电话，告诉我们童老师是"远征军"的人，就是他们中的一员。或许，在那个年代，他参与了对童老师的"学习班"，或许对童老师诅咒、辱骂过。那个时候个人所犯的错，往往不是个体的错，是时代的错。

　　这个季节，盛夏过后，终是早秋。校园里的枫叶，有几株与众不同，如此的红艳、空寂、孤独、凄丽。对面有一棵树，原来是那么不起眼，在许多古树名木之中，显得卑微，似乎总是在等待着什么。我总以为这是一棵只长树叶不开花的树，可有可无。今年春天，一场春雨过后，它突然开花了，异常美丽，每一根树枝上结满着缤纷的"玉米"，一条条"玉米棒"上，又盛开着一朵朵红的、黄的、白的小花，满满的，满树都是。我在微信上求助：能告诉我这是什么树、什么花吗？原来，这棵树叫"七叶树"，是不可多得的树种，为著名的观赏树种之一。人们还赋予了它特殊的含义，说它是一种有"佛性"的树。童老师，你是一棵这样的树吗——一棵等待下雨、终于开花的树？

2015 年 9 月 12 日

第 8 篇

元宵节里的结香花

今天是元宵节，走在校园里，我总想写点什么。元宵节，团圆的节，意味着什么？我们的校园在元宵节会带给我什么情思？我走进西花园，来到"来今雨斋"前，几株结香花，正含苞待放。春的气息来了，令人怀想的季节真的来了。

我自然地想到了王季玉。她是这个有着 110 年历史的学校的第二任校长。学校是她妈妈开办的。她 1917 年从美国留学回来（那一年胡适也从美国留学回来），从母亲手里接过这所学校，担任校长，一直到 1956 年，整整 40 年。有一年的某一天，同学与她聊天，问她：王校长，你为什么不结婚呢？王季玉笑着回答：我把自己嫁给振华（我们学校当初名字叫"振华女校"）了。

我来到了结香花前，结香花是中国的"爱情花"，传说凡是青年男女在结香花前许下愿望，然后把开着结香花的两根花枝，打成一个结（这个结会呈心形），就能心想事成，喜结良缘。如此美好的传说，如此美好的信物。我站在结香花下，又想到了王季玉，王季玉把学校当成她一生相爱的人。我想象王季玉在每年的元宵节，会走到结香树下，凝视结香花，与振华打一个"心字结"，与振华相亲相爱。今天我们在

离结香花不远处，以季玉的名字命名了一座四面厅，叫"季玉厅"。季玉厅与结香花遥遥相对，那是情与情的相顾、相盼。

王季玉的父亲叫王颂蔚，是蔡元培的恩师，蔡元培叫王季玉师妹，还有几个叫王季玉师妹的人，一个是胡适，一个是竺可桢，一个是贝时璋。季玉用师生勤工俭学得来的钱，建造了今天我们唤作"振华堂"的礼堂，她不时地会邀请她的师兄们，比如蔡元培、竺可桢、贝时璋等来学校给学生讲学，讲学的地方常常在这里。岁月如流水，如今王季玉安在？蔡元培、竺可桢、贝时璋安在？今日，我们于当年他们走过的地方，怀想他们，不是一种浪漫吗？

与"来今雨斋"相邻的是"长达楼"。长达楼原本是康熙、乾隆的寝宫，后来有几次毁坏。1931年王季玉通过社会募捐与师生勤工俭学筹集了资金，修复了寝宫。他们不再叫寝宫，而改叫"长达图书馆"，由蔡元培题写馆名，如今蔡元培书写的石碑仍在墙上。为什么叫"长达图书馆"？因为王季玉的母亲、学校的创始人叫"谢长达"。蔡元培称谢长达为师母，一生敬她、爱她。师母去世时他专程赶来参加祭奠，并致悼词。

长达图书馆，正对着"瑞云峰"，它是一块宋徽宗时的"花石纲"遗物。与宋徽宗有关、与乾隆有关、与《红楼梦》有关。当时在太湖西山发现后，当地老百姓叫它"小谢姑"，因为与它一起被发现的还有一块更大的石头，当地人称之为"大谢姑"。大谢姑被送到了东京（今天的开封），没了。瑞云峰是文人雅士给改的名字。所谓谢姑，即美女的意思。王季玉的母亲，姓谢，也叫"谢姑"。历史充满奇遇。两个"谢姑"在这个园子里相遇、团聚，是不是令人惊叹不已？

王季玉一生没有嫁人，把自己嫁给了学校。学生都是她的孩子。有一个孩子大家都知道，叫费孝通，一个进入女校读书的男孩子。王季玉很喜欢他，他也很喜欢王季玉这位像妈妈一样的老师与校长，费孝通八十多岁的时候，想起王季玉还是深情款款，专门写文章纪念。今天，在离当年长达图书馆不远的西南角，有一建筑群，为学校新的图书馆（长达图书馆为木质结构，不宜藏书，所以搬迁了），取名为"孝通图书馆"。元宵节，站在这里，我浮想联翩。

从王季玉做校长开始，每一届毕业生离校前，都会留下一个纪念物，眼前这个亭子，叫"凝怀亭"，是上世纪四十年代校友留下的。学生走了，纪念物留下了，留下的都是念想。王季玉走在校园里，看到一个个纪念物，似乎看到了每一届学生还在这个园子里。

杨绛是王季玉的另外一个孩子，这个女孩得到了王校长更多的关爱。杨绛九十五岁那年，即2005年，我与老师们一起上她家看望，她说得最多的就是她的校长王季玉。杨绛说，振华影响了她的一生。王季玉校长说得最多的一句话就是"实事求是"，所以她给母校100周年校庆题词，就写了"实事求是"。如今"实事求是"碑，横卧在西花园，是我们对杨绛的怀想。

王季玉还很喜欢的一个孩子，叫何泽慧。她是谢长达的外孙女，即王季玉妹妹的女儿。何泽慧叫王季玉姨妈。姨妈对何泽慧很严格，每次考试她考了第一名，都不给她第一名。何泽慧的父亲叫何澄，孙中山的盟友，曾是蒋介石的老师、北伐军顾问。后来他到了苏州，买下了网师园，网师园曾是何泽慧的家。我们去看望何泽慧，她说，当年张大千兄弟在他们园子里画画。张大千画好了，常常把画送给他们。他们拿了张大千的画折纸飞机。一时天上飞的都是张大千的画。何泽慧从振华毕业之后，考取了清华大学，遇见了钱三强。王季玉在上世纪四十年代于校园建造科学馆，就请外甥女何泽慧、外甥女婿钱三强来参加奠基仪式。

王季玉把学生，如费孝通、杨绛、何泽慧等，都看成是自己的孩子。给予他们的是爱，是最好的教育。王季玉的成功在于办学聘请的都是一流的老师，比如陶行知来上过课、叶圣陶来上过课、苏雪林来上过课。所以，振华属于数一数二的学校，这是陶行知的评价。

元宵节过后预示着新的一年真正开始。这一天唯有敬畏，对历史文化的敬畏、对前辈校友的敬畏、对即将萌发的一草一木的敬畏。早春，我最喜欢校园里的结香花，它从冬天孕育，到含苞待放，即从冬天到春天，有无限的蕴意。因而，在元宵节这一天，我来到结香树前，凝眸结香花，怀想王季玉等前辈、校友，是很自然的事情。我分明看到110年中的所有人与事，都那么清晰地写在校史上、留在校园里，成为最宝贵的文化，教育气息弥散在我们师生周边。

2016 年 5 月

每个人，都会遇到几个节点，这些节点会对人生产生意义，比如高考，比如高考之后的毕业典礼。今天，我们（确切地说是你们）正到了这样的时刻。今年的江苏高考作文，考"智慧"。什么是"智慧"？走出考场已经十几天了，对"智慧"这个考题，你们还有什么记忆？还有什么没有说完的话要继续说？这是很有意义的一个"考题"，假如中学生活属于"青春"的生活，那么，中学之后的生活可能属于"沧桑"的生活。面对未来的一切，需要"智慧"。在考场上，你们是如何回答的？

此刻，我想问大家：今天我们的学校、我们的教育、我们的老师，有智慧吗？假如有，又从哪里去考察？你们还记得在这个学校的点点滴滴吗？小聪敏不是智慧，仅仅能应对，不是智慧。大家或许都有看过瀑布，那激流，从高高的石梁上倾泻而下，在嶙峋的石头上激流而过，然后，很快平静，成为幽深的一潭水。由此，我想问：大起大落是不是智慧？顺其自然是不是智慧？返璞归真是不是智慧？有一句话叫作"大智若愚"。教育的、学校的、教师的"大智若愚"在哪里？人生的、事业的、生活的"大智慧"在哪里？

所谓的大树，都是没有高度的，我说的高度，不是它自身的高度，而是指它所在位置的海拔高度。到了一定的高度，不会有大树，甚至连树也没有，只有草甸、灌木、苔藓等。树的出类拔萃，是在低矮处，人的出类拔萃，何尝不如是？

师法自然，也许是一条正道。最近，我爬上了有三四千米海拔的一个山头。当我艰难地气喘吁吁地登上巅峰的时候，突然有所感悟：所谓的大树，都是没有高度的，我说的高度，不是它自身的高度，而是指它所在位置的海拔高度。到了一定的高度，不会有大树，甚至连树也没有，只有草甸、灌木、苔藓等。树的出类拔萃，是在低矮处，人的出类拔萃，何尝不如是？所有的事物都会被限制，所谓的自由自在，也是有一定的条件的。这些感悟，是不是属于"智慧"性的感悟？看树是树，看树不是树，看树还是树，都是智慧，但是，智慧的程度是不一样的。能把草、灌木、苔藓，看成是树又不是树，更是智慧的大境界。由此，我又产生联想：人生的智慧本身也是高度，但这种高度始终伴随着一种低调。人生的智慧本身也是境界，但这种境界，早已不拘泥在"形"上，而在"神"上显露。

我们的学校处在小巷深处，小巷一边是校园，另一边是小河。小河边长满了小花小草。每天我们走出校门的时候，大家注意到它们了吗？一簇簇的小花，非常惹人喜欢，我曾拍下来，发到了微信朋友圈里，朋友们很快就回应我说，这是粉花绣线菊。一朵花长在那里，可能不起眼，可是一群花长在那里，在江南的微风细雨中摇曳，便美丽无尽。这些微小的生命，能呈现无限的意义。停下我们的脚步吧，驻足一会儿，慢慢欣赏，慢慢感悟，它们所显示的"智慧"，也许仅仅于今天，我们还是不能完全领略、领会、领悟的，完全领略它们、领会它们、领悟它们，甚至需要用整个的一生，或许一生都不够。

当下，高考作文，无论怎样出题，命题作文也好，自拟题目也罢，有材料作文也好，无材料作文也罢，都是"体裁不限，800 字"。高考作文，是在规定的时间内，按一定要求，去立意、选材、布局。我们何尝不把它当作浓缩的人生？人生是有条件的，也是无条件的，人生是有限的，也是无限的。写"智慧"，首先要看作者是不是有"智慧"。青春作文有青春的模样，青春之中一切荒唐都可原谅，青春之后呢？

青春之后，就是走向沧桑。沧桑是意想不到，是地老天荒。什么是青春？青春是不知天高地厚。青春之后，我们只能现实地面对各种可能性，只能"脚踏实地"。学校的这个园子，是特定的园子，在这个园子里，你我遇见，是一种幸福的开始，也是智慧的开始。今天，我从今年江苏的高考题"智慧"谈起，作 2015 年高三毕业典礼的校长致辞，其寓意，仅仅如此，希望大家记住一二。

2015 年 6 月 24 日

这个题目，似乎不合时宜。当下几乎人人都想"高大上"，个个都想"朝上走"，怎么我偏偏在这里说"卑微"，而且还要"甘于"？我对此的思考，不是心血来潮，也不是标新立异。世间万物都是相通的，世间万物与教育也是相通的。有时面对天地山川草木，会想到教育，在教育过程中，也会联想到世间万物。比如，我是江南人，北方之天地总会给我诸多不一般的感受。身处一片无垠的草地，草地上洒满了阳光，朵朵小花自由地伸展着青春的肢体坦荡、大气，充满生命的气息，流动着纯美、自由之空气。那一刻，我对学校动辄提出培养"领袖"的口号，总感觉不舒服。

这个时代是缺少精英的时代吗？对任何人都不能从小夸大他们的优越感。这是个缺少坦荡的、真诚的、纯粹的人的时代。人与人之间都能袒露赤子之心，如那遍地绽放的小花，甘于卑微，平等、自信、微笑着相处，那才是我们教育的本意。因而，我在学校提出了"做甘于卑微的教育"的主张。

有一个"仆人式领袖"的故事：某一群人，组织了一支探险考察

人与人之间都能袒露赤子之心，如那遍地绽放的小花，甘于卑微，平等、自信、微笑着相处，那才是我们教育的本意。

队，来到浩瀚的沙漠，所有人都是专家学者，在各自的领域内出类拔萃。但没有"领队"，因为谁都不服谁。怎么办？探险考察队中有唯一的一个"仆人"，煮饭、煮菜，伺候他们。结果，探险考察队的大小事情，都由这个"仆人"做主，他说几点起床就几点起床，他说几点出发就几点出发，他说到哪里去就到哪里去，没有人有异议，一切井然有序。有一天，这个"仆人"突然失踪了，探险考察队乱作一团，没有了"领队"，这个要这样，那个要那样，整天在沙漠里打转转，最后不光没有完成探险考察任务，还都迷失于沙漠深处。这个故事近乎寓言，可以给我们诸多启发。我记得最早听到这个故事，是在五六年前我们学校的一个班主任工作研讨会上，一位班主任介绍自己的理念与做法时讲述了这个故事。她说，她就是要将孩子们培养成为"仆人式领袖"。

一个人无论如何高大，如何有水平、有本领，假如他是一个极端的"利己主义者"、极端的"自我主义者"，那么其他都是虚妄。甘于"卑微"，其实不是真正的"卑微"。"做甘于卑微的教育"，实质是让教育回归到"人"的教育——完人的教育，即完整的人格的教育。"做甘于卑微的教育"，涉及三个层面，即要解决"学校、校长、老师"三个层面的问题。我们要处理好学校与学校之间的关系，学校与校长、老师之间的关系，以及校长与老师之间的关系。只有这三者都"卑微"了，才有孩子们最终的"卑微"。

我们有没有注意到一个现象，大树底下，寸草难生？个体与群体之间的关系，个体与个体之间的关系，处理是否得当，不仅仅关乎自身，更关乎全局。我们考察一所学校办得如何，要从它的内部观察、评估它的质量、效益与贡献。某些学校仅从它自身看，确实成绩有目共睹。但是，一放到整个区域的全局中去考察与评估，这所学校的存在与发展或许对其他学校而言就是一场灾难，因为前者占据了更多的生源、师资、经费等资源，有的是通过政策保护，有的是通过不正当的竞争手段而实现这些。这样破坏了整个区域的教育生态平衡，全局的质量、效益会受到影响，更会导致教育对社会发展的综合贡献率的下降。难道，对这样的学校不应该让它"卑微"一下？在学校与师生之间的关系上，也有一个关系摆正的问题。要破除学校高于"师生"的误区——在学校内部，学校的利益、荣誉高于"一切"。从总体上说，学校、老师、学生三者的利益是一致的。但是，也并不排除在局部或在具体环境、事件与问题上，会出现不一致与矛盾。这个时候怎么办？学生利益第一，老师利益第二，学校利益第三。在日常的校园中，举着为了学校荣誉的牌子，实际做着损害师生利益，特别是学校利益的事例，比比皆是。

校长对学校的发展，特别是对师生的发展，在一定的条件下，影响很大。在当下所谓"教育家办学"的态势与舆论下，校长的位置似乎越发重要了。校长往往受到重点培养、培训，校长越来越高大，似乎是好事，其实也有一些关系有待处理好。最近，我一直想着这样看似简单，似乎又有点"荒唐"的问题：假如校长成长为一棵"大树"，它应该矗立在什么位置上？是校园中央，是校园最显眼的地方，是最能得到阳光雨露的地方？我不反对校长成为"教育家"，不反对校长成为"大树"，但是，要寻找到一个"合适"的位置，寻找不影响老师生命成长的地方，可以在"角落"、在"偏远的地方"，特别是不占尽天时地利人和的位置。校长不要总是自己"出头露面"，占尽机会，要以一个普通老师的心态、姿势处理好自身与教师发展的关系。时刻"卑微自己"。

我曾在不同的几个场合，听别人议论我们中小学校：现在胆子最大的是中小学，包括幼儿园，什么都敢说，什么"我们是精英教育，以培养领袖为宗旨"等。"领袖"的产生，这么容易？一个"领袖的产生"是长期的主客观综合因素共同作用的结果。一所学校出了"名校友"，包括各行各业的"领袖"，很高兴，无可非议，大肆宣传，也无可非议。为增强学校的文化自信与自尊，都可以理解。一所老校、名校，出几个名人或"领袖"，其实是一件平常与正常的事情，他们的成功与我们学校或有关系，或没有关系。出了正面的名人、"领袖"是我们学校的功劳，出了反面的名人与"领袖"，怎么没有看到有一所学校主动出来"认领"——"认领"我们办学的责任与失误？明年，是我们学校办学 110 周年，我们不准备大庆，只想实实在在做两件事情：一是为我们的创办人举办一场"办学追思会"，追本溯源，饮水思源。二是在"闻道廊"二楼，墙上满满的都是石碑，把建校 110 周年以来，所有校友的名字，在世的，去世的，毕业的，肄业的，借读的，中途转学或出国的，只要在学校待过一月、两月，哪怕一天、两天，都镌刻在那里。无论多么有名，或多么普通，没有任何名声，姓名都是一般大小刻在石碑上，相互"卑微"着紧挨在一起。我相信这条长廊是"卑微"的长廊，更是伟大的、永恒的长廊，它体现着我们的办学理念，更凸显着我们实际的办学状态。

2015 年 9 月 22 日

最近，贵州省的名校长班，到我们学校交流。带队老师曾是我的老师。几年前，我参加教育部中学校长培训中心的首期全国中学校长高级研究班，即所谓的名校长培训班，是"严格"得近乎"严厉"的培训。培训已经不以听专家报告为主了，而是"清晰化"、"条理化"的过程。每个校长，梳理办学思路、梳理思想，然后"概念化"、"体系化"。一个人在台上讲，刚讲完，坐在下面的校长，纷纷发言，轻描淡写地肯定了一两条可取之处之后，就开始提意见、建议，一条一条地说，这个说了，那个说，从整体到局部，几乎批得"体无完肤"。我也曾有过这样"炼狱"一样的经历，我总结的办学实践以及相应的理念体系，假如是一座"大厦"，可一瞬间就让它倒塌了，所谓的"凤凰涅槃，死而后生"。

贵州班对校园进行一番参观考察之后，我与他们作了交流。我与带队老师唱"对台戏"，他要我讲一讲当初是如何在"炼狱"中"提炼理念、思想"的，我却作了深刻的"反思"：两年前，我曾听一位校长讲自己如何不看书——不看当下国内专家，包括中小学校长写的书。他讲得很直率，我听后猛然一惊：还有这样一个"狂人"？后来，

从"原始"到"自然"，必须经过"有意义有目的的人工提炼"，关键是"提炼"以后的超越，返璞归真，走向"草根"。这时候的"草根"，看似"草根"，其实，已经不是"草根"。

冷静思考，感觉他讲得还真有几分道理。参加了所谓的培养，整理自己的办学心路与实践旅程，大家纷纷写书。从校园到课堂，从德育到智育，从文化到管理，从老师到学生，从历史到现实，从理念到实践，从目标到过程，从效益到效率，校长们以自己"提炼"出来的理念贯穿全书。看这样的一本书可以，会有启发，看两本也还行，也能获得感想，三本、四本，乃至一批又一批，摆在桌子上，几乎一样的模式、一样的程式，会不会产生审美疲劳呢？人人提炼办学思想，像不像当初"大跃进"时期的"大炼钢铁"？我说到此，似乎刻薄，引来一阵笑声，然后是静默、沉思。

对"提炼"理念、思想，对"概念化"、"体系化"，我竟持了否定的态度："珍珠"散落在草地上，不一定需要把它们拾起来，用一根绳子串起来，挂在脖子上。经过统一的"提炼"，校长们一个又一个脖子上挂上珍珠项链，如何是好？一群校长，这样站立在一起，会是一道教育上靓丽的风景吗？经过"提炼"，都是"能说会道"，台上说得头头是道，台下并没有带来许多实质性的办学变化。"概念化"、"体系化"在书上，而不在实际工作之中。苏州园林中的湖石，是苏州园林的重要元素，但它最讲究一个"真"字，原石，是它价值所在，只要动了手脚，用了"工"，原有的价值也就不存在了。教育不也是如此吗？

讲讲真话，讲讲自己的疑虑，说实话，是我的荣幸。中途休息，带队老师与我认真地进行了交流。我以为他会生气、会发火。结果，他却对我说：你这是"超越"，正因为你先前有了"提炼"的过程，才有此刻的"超然"。所谓看山不是山，看山还是山。毕竟是老师，又点拨了我的偏差，瞬间让我"新悟"：提升自己，要把过程与极终目标搞清楚，把过程当目的是错误，把手段、载体当本质、核心是错误。培养教育家不是为了培养教育家。教育家是什么？所谓教育家在当下学校中的本质意义是什么？我们那些参加所谓教育家培训、培养的校长，并没有真正明白。梳理校长的办学思想，体系化是手段，是过程，用一些通用的手段，建立一种"模式"或"模型"，不是目的，是过程。在这之前，校长有灵光闪现，有珍珠散落在地上，在阳光照耀下，熠熠生辉，是一种原始的状态，原始的状态并不等于自然的状态。从"原始"到"自然"，必须经过"有意义有目的的人工提炼"，关键是"提炼"以后的超越，返璞归真，走向"草根"。这时候的"草根"，看似"草根"，其实，已经不是"草根"。

原始森林是人类最后的家园。在当下快速变化的现实面前，雨林、沼泽、高山与河流都会瞬间消失。所谓原始森林，是指那些人的意志还没有改变的森林。我去过这样的森林，在西藏墨脱。一树一树的杜鹃花，盛开又凋谢，落红如血，点点斑斑，铺满森林。每一棵树都高大挺拔，每一棵树上都爬满苍翠的、湿润的藤蔓。树生树长，花开花落。一切都令人欣喜又惆怅，敬畏又忧伤。阳光透过层层密密的树枝树叶，那种明暗变化，更让森林多了一份迷蒙与神秘。人到过的原始森林，还能叫"原始森林"吗？留下了人的踪迹，一定留下了人的"意志"。在我看来，虽然还是同一片森林，但一切都已改变。

此刻，我又明白：经过办学思想体系化之后，虽然学校呈现的状态，仍然是我们熟悉的那个状态，但是一切都已发生了变化。

今年的第二十一个教师节，我们是这样庆祝的（不妨把当日的微信记载抄录几则如下）：

第一则，下午的教师节庆祝大会上，我们为所有班主任、备课组长、教研组长、督导、中层以上干部分发聘书。还为三十年教龄的老师颁发证书，为过生日的老师送上蛋糕。他们一一上台，接受聘书（证书、蛋糕）、合影，简朴而庄重。这是让老师们留住自己的"历史"的证据。历史的记忆需要有"真实的纪念物"作为支撑。

第二则，上午退休教师庆祝会，几百个人的会议，他们早早来到学校，天空格外蓝，树木格外葱郁。老教师们一个个排着队，等候签名（签到），进入会场。什么是好老师？这就是好老师，两袖清风来，两袖清风去，还要有序地排队。

第三则，中午，学生在午间休息的简短时光里，在瑞云楼前广场，即兴表演，为老师祝福。在普通的日常校园生活之中，庆祝教师节，返璞归真，体现教育的蕴意，一切都是常态而有念想。一个个瞬间，看似平常，但对未来而言，都会是不同凡响。原来，这就是我们所追求的理想的校园生活，它承载着幸福、美好，自然天成，美妙恰似天籁。

2015 年 9 月 24 日

　　这是一个变动的年代，长江后浪推前浪，有一个词语叫作"日新月异"，一点不假。似乎判断事物好坏，总会自觉不自觉地用"新"与"旧"作为标准，至少，作为事物境界高下的标准。教育不例外，学校教育更不例外。比如，有"新教育"、"新学校"实验之说，谁听说过"旧教育"、"旧学校"实验之说？可往深处追究，其实，新旧并不是事物的本质属性。对此，我们往往有片面的认识，导致在实际的教育工作中，在实际的办学过程中，进入误区。

　　前几年，我曾在一次以"面向未来"为主题的教育研讨会上作演讲，我的题目是"未来，将面向优秀的文化传统"，似乎，与研讨会的主题不符，主办者似乎有点不高兴。其实，这是我经过学习、思考、实践后，所"悟"出的道理，是我对未来教育的理解与憧憬。教育存在着太多的片面与"自以为是"。以为最美妙的东西，总在前方，把过去与传统批得一无是处，今天改一点，明天改一点，走不了多远，早已面貌全非。物质层面是这样，精神层面也是这样。

　　我们不妨回顾这十多年的经历："新学校"如雨后春笋，这绝对是教育发展的一件幸事、好事。可是也有许多遗憾。这里的"新学校"，

教育应该有万世不变的东西在。不能浮躁，不能时刻出新花样，不能整天想着日新月异，想着惊天动地。教育应该安下心来，如这片山水一样，端蕴于此，在杳无人烟中坚守。

不是指理念、概念层面的"新学校"，而是物质层面的新建学校，包括百年老校的移建、新建。一些有历史的学校、有文化记忆的学校瞬间被推倒了，房舍被拆，连大树都要挪地方，因为大树所在的位置，与新的布局不符。记得有所很有名的老校，十年搬迁了两次，第一次，假如说是一次有着历史意义的创举，带动了整个区域的整体提升，那么，第二次，属于整体搬迁，也只能说是遗憾了，在我看来似乎是为搬迁而搬迁，纯粹是为了一个所谓的"新"、所谓的不落后。又如，这些年来，我们对教育的精神层面的坚守，又做了多少？新课程改革，一味引进、照搬外国的经验，我们传统的、优秀的东西，屈居于角落，改革了十多年，课程的矛盾似乎越来越多了。而所谓的"有效课堂"，也演变成了高效的"车间流水线"，师生的负担不但没减，似乎越来越重。"新"似乎是新了，但有实质性的变化吗？

自然界的许多现象，可以作为比喻，用来说明教育的问题。我多次去过西藏。那里的景色，在地球上已经很少有几个地方还存在着了。雄奇的山峦，一字排开，头顶蓝天白云，那是真正的蓝天白云，除了那里还有，就只在梦里了。山上有白雪，四季皑皑白雪，山脚下是一片像蓝天一样的湖水，波澜不惊。静谧、纯美是它最大的特点，没有人到此会不叫绝。我面对此景时，产生诸多感想。教育是不是也能从中得到点启示呢？教育应该有万世不变的东西在。不能浮躁，不能时刻出新花样，不能整天想着日新月异，想着惊天动地。教育应该安下心来，如这片山水一样，端矗于此，在杳无人烟中坚守。

因而，我越来越体会到，教育的坚守，或许更重要。坚守我们中华民族的文化传统，坚守我们中华民族的核心价值观。不要每天都想着"新"花样，想着每天都有教育的新闻、学校的新闻，想着产生新闻效应。教育要耐得住寂寞，耐得住孤独。听说，有个地方有个名校，常年有新闻记者驻守，每天的动态，都会瞬间被捕捉，瞬间被提升，然后传播。招引无数的参观、考察者，然后变相"卖门票"，名利双收。我一直认为观察一所学校或一个校长的教育境界，要从他们日常的学校生活中，从不经意的言行、举动中，才能观察到真实的东西。"新"与"旧"不是标准，有时在"新"的举动中，看似是"高效"，其实是功利，看似是热情，其实是浮躁。而那种坚守，那种灵魂深处，以及体现于日常的教育生活细节之中，对民族的乃至整个人类的历史文化之精髓的坚守，或许更重要、更难。尽管难，我们还是要坚守，尤其要在静谧中坚守。

2015 年 9 月 19 日

生命体悟与教育之美

我们的校园，曾经是院落无数，庭院深深。

金桂、银桂、丹桂历经两三百年，年年飘香。

而今，许多庭院早已消失，然而，四周高大的香樟树，荫翳蔽日。

在这个园子里，遇见你，是一种幸福的象征与标志。

我们相遇，是幸福的开始。

清晨，走进学校，即使是角落也与园林一样精致，赏心悦目。

园林的气息是美的气息，校园的气息也当如是。

浸润与体验，是学校的特质。

对我们来说，学校之美，是永恒不变的主题。

变即不变，永恒也即一瞬。

早晨的第一道光芒，为每一个钟情这个园子里的人打开大门。

又到每年此刻时，我们又在美与不美之间行走。

找到了边界，也就是把握住了各种关系。

尽管如是，清风明月，晨曦阳光，依然如故。

没有细节的美，

不是完整的美。

真正的美的境界在不经意之中。

真正的教育的境界在日常的校园生活之中。

没有几天时间，西花园就繁花落尽。

姹紫嫣红变成绿荫深深。

一个季节，转化为另一个季节，只在一瞬间。

同一个地方、同一个人，季节不同，给人的感受也不同。

我们每天都不要忽略这样的差别，都要细细体悟这样的差别。

学校的同一个地方，

两个不同的季节拍出的照片。

一个是春天，

一个是秋天。

嫩绿与金黄，

希望与梦想。

我们必须从秋天的心境中走出来，

回到生机勃勃的春的美景中。

春天的阳光，柔和温暖，就像母亲一样。

学生散布在西花园的草地上、紫藤架下，

多么赏心悦目的一幕。

我们的理想，就是办一所图书馆中的学校。

整个学校就是一个图书馆，

整个校园都是学生阅读的场所。

见到这一切，我们忘却了烦恼。

校园红楼之南的几株樱花开了。

前几天还只是小小的花蕾从树枝上钻出来，

一瞬间就绽放了。

对红楼有记忆的校友、同学，

也一定记得每年这个时刻的红楼樱花之美。

希望这几天不要下雨，实在要下，

下点淅淅沥沥的小雨就够了。

花瓣落在地上，是一件伤感的事情，

人不要踩踏它了。

踩踏花瓣，是一件不美丽的事情。

清晨走在校园，走近一座座亭子或半亭，似乎走近历史。

一百年来，校园里留下了十多座亭子或半亭，

这是教育历史文化的记忆，是教育人的念想。

向它们致敬，也向历史致敬。

当下的教育不要只有批判，还需要更多的致敬。

学校闻道廊，两层，学校以此廊与社会居民区隔开。

校友的砖雕石像，镶嵌在廊上，庄严厚重。

这是历史的丰碑，也是学生走向未来的新的起点。

校园里留下了每一个学生的印记，感恩的气息弥散在学校中。

杨绛那一届毕业前留下的己巳亭还矗立在梅岭上，

何泽慧那一届留下的摩崖石刻还在西花园中。

用勤工俭学得到的一点钱，为母校留下了念想。

这本身就是教育，我们一百多年来延续了这一传统，何其好！

校园应该是师生自由、快乐的阅读世界。

图书馆的概念应该发生改变，

图书馆的时空界限，应该重新划定。

学校的图书馆需要拓展，与整个校园吻合。

师生周边的世界，都是书的世界。

就像阳光，无处不在，让人无处不感觉到温暖。

西花园的草坪是学生生命成长的地方。

每一届学生都会留下脚印。

在雨中，在镜头下，呈现了另一番景致。

这也是学校的美，自然而然的美。

对校友来说，
学校是他们永远的家。
对母校来说，
校友是她永远的温暖。
伟绩碑、振华堂等校园景观，
不会因为时光的流逝而被遗忘。
重温校园，令人动容。

这个校园是有温度的校园，

是有情感的校园。

三年的浸润，

学生的审美情趣变得高尚而高雅。

在这个园子里，

遇见你，

是我幸福的开始。

梧桐树黄了，这是凤凰栖息的树。

银杏树黄了，这是古老的怀旧的树。

初冬的小雨，让这个园子蒙上了雾纱。

轻纱飘去，园子依然如旧。

春回江南，校园里的玉兰花也含苞待放。

生命的轮回，昭示着世界的变化。

变化中的痛楚与幸福，也是轮回的一部分。

所谓春天，是在寒冷中孕育的生命开出了花。

所谓春节，是在枯枝残叶中绽放的第一朵花。

校园的墙壁上，今天就呈现了这样的景象。

园里园外，弥散着新旧交替般的新春气息。

细雨之中，不见人影，只闻鸟声。

与阳光下的校园景致相比，另有一种风情。

最寂静的时刻，也是最有念想的时刻。

金秋的西花园，有着不一样的景致与情调。

草坪的绿与满地的黄，融合在一起。

给我们的不仅仅是美的冲击，还有生命庄重的叹息。

每一个人，甚至每一个事物，都会经过上苍建造的"无常"之门。

这是一个真理，只是我们现在不要急于把这个常识告诉孩子。

古老的园子，苍老的岁月，沐浴在晨光之中。

蓝天白云，衬托着悠悠的时光。

古老与新生，悠久与稚嫩，给人憧憬。

几天的阴雨，终于放晴。走在校园，落叶满地。

到了中午，草地上、小径上，都将是学生的影子。

孩子就是未来，就是美好。

美与未来在一起，是如此美妙。

伸手可以触摸的白玉兰

就在我的窗前

花朵开放在枝头

生命的盎然

我坐在窗前

一首诗正在枝头生成

可面对零落的花瓣

似乎有些不忍

一场暮春的雨后，
一切都变得清新起来。
校园的每一个角落，
都弥漫着期待的气息。
特别是校园里的一条条小路，
通向幽深之处，
有些明朗，又有些隐秘。
校园里的这些小路，
路虽小，却向远方延伸。
孩子们走过它们，到达明天或内心，
应该都是美妙的。

瑞云峰在此沐浴了二百多年的风雨。

园林与校园，文化与教育，历史与现实，交织在一起。

从瑞云峰中，我们获得了深刻的启示——

办什么样的教育？要办"质朴大气""真水无香""倾听天籁"的教育。

这种教育，我们称为"瑞云精神"，显示了学校办学的独特个性。

校园里有许多石础，虽然风化了，

但古朴、苍老中掩盖不住它们的美。

一盆盆的花草摆放在石础上，蓬勃的生命与苍老的石器相应，

是对照，也是叙事。

这些小花小草，与琼楼玉宇相比，又当何如？

西花园北，有一条长廊，东接"谛听天籁"厅，西接"西花厅"。

长廊中镶刻着校园历史名人，如叶楚伧等，最西段的是李敏华，她是

中科院院士，著名固体力学家。

今天，小高考继续进行，望着校园里的这些考生，如望着新生的太阳，

其中，一定有未来的李敏华，未来的院士。

十中的校园，春夏秋冬，都美丽。

秋天，银杏树叶黄了的时候，

整个校园都是金黄，树上，树下，都是。

叶子落在地上与长在树上，

都是美丽的风景。

因势赋形，一片平常的叶子，

在艺人手下，成为了一件作品。

教师真的很重要——

一个普通的孩子，在一个有境界、有方式的教师的引导下，

所有的潜能都能得到呈现，会不一般。

最美丽的地方是校园。

几乎每一所学校都有历史，都有文化。

学校的一草一木都是教育。

没有比孩子们的笑脸，

更让人心慰的表情了，

这就是教育的快乐。

这是我在吴哥窟拍到的。

东方文明与西方时尚的融合，

古典与现代的碰撞。

教育的场面，有多少是抓拍的画面，

多少是摆拍的画面？

摆拍需要，抓拍更需要。

当深思。

紧张之后的舒坦，劳累之后的休闲。

找一处湖光山色，寻一处无人之迹。

喝点酒，微醺，喝两三口茶，成仙。

这样的日子，我有过，你也有过。

这是忘乎所以，还是珍惜光阴？

教育是不是也需要一点这样的闲暇？

徽派建筑，以"雕"为特点，美轮美奂。

顺其自然与精雕细刻，是艺术呈现本质的不同方面。

我们培养孩子是不是也应如此？

让孩子成为一个丰富的、完整的人，不能执其一端，绝对化。

这堵墙壁我观察了几年，观察藤蔓在墙壁上的变化。

从绿到黄，从黄到绿，一点点的变化，在不知不觉中完成蜕变。

只有一种颜色的人生是不完整的人生，

只有一种特色的学校是不完全的学校。

我以为办有特色的学校，是不得已而为之。

落叶、花蕾，按一定的规则组合成图形，

一切都不一样了。

事物的结构很重要，次序很重要，

——有组织的有凝聚力的团队，是最美的呈现。

姑苏的文化，从某种意义上说，是刺绣文化。

精美、雅致又不张扬。

这几天，在思考"好老师"这个概念。

好老师这个概念，在不同的人身上，一定会有不同的表现。

教师是"人"，但"人"的本质属性，在教师身上，一定是通过富有个性的这一"教师职业"表达出来的。

如何表达的呢？与刺绣有没有一点关系呢？或许有。

澄明的水面，

春天的两棵树，

发出嫩绿的光泽，

美美的，

却让我心觞。

于我来说，树是朋友。

同样，对花草亦是。

寄寓生命的感悟，源于与之的朝夕相处和对话。

这幅照片，来自遥远的桌山之巅。

于我来说，像是与异域文化在对话、与异域教育在对话。

给我的是多元文化的撞击。

即使生长在山巅的岩缝里，仍然是鲜艳夺目，个性飞扬。

看到这只石狮子，就会想到童年，无忧无虑的日子。

人的童年只是一瞬，这只石狮子的童年已成永恒。

一个事物，见了让人忘不了，见了让人生喜欢，一定有理由。

教育是不是该多一点让人喜欢的理由？

水天辉映，是现实的美，也是梦幻的美。

学校的责任，就是要在日常的教育中，

创造出教育的理想来。

清明前后，也是喝茶的好时节。

碧螺春，平淡，且有一点点清香。

那是君子之交的感觉，需要静静坐下，才能体验到。

什么是教育的绿茶？什么是教育的红茶？

教育需要多元，在一个学校同样如此。

南方的房屋，有南方的故事。

绿叶掩映下的窗子，有自己的故事。

淡雅、斑驳，储藏的故事是不是也典雅、缠绵？

一个时辰，演绎一段故事。

一段又一段的故事，蔓延成连绵不绝的历史。

姑苏小巷，粉墙黛瓦，幽静如一首柔美的小诗。

走过水边，上了小桥，就到了青石弄。

青石弄有叶圣陶的故居，那是一个更幽深之处。

离故居百十步，看到一堵粉墙上，垂着一束凌霄花，

红的花，绿的叶，干干净净，清清爽爽。

我以为这景象是叶圣陶教育思想，特别是语文教育思想的写照，

——返璞归真。

在挪威最难忘的是人体公园，每一个石雕人体，或铜雕人体，都是鲜活的生命。

无论男人、女人、老人、孩子，都让人惊心动魄，让人内心柔软。

这个叫生命之柱的雕像，一百多个男男女女，赤身裸体，向上攀登，把人性揭示得淋漓尽致。

我曾去过那里，我也曾站在那里久久徘徊。

这种本真、唯美、超然，嫁接到日常的学校教育中，就是"诗性教育"。

一个人永远有一颗童心，一定是十分美妙的。

童年的世界是最天真无邪的世界，儿童的眼睛里只有善良。

学校的任务，就是保护孩子的这种童真，直至永远。

除此之外，无他。

做诗一般柔美的教育

无我才能有我，忘记了美才会获得美。

只有忘掉了自己是在做教育，

我们才能在真正的意义上获得教育、做教育。

生命的光彩，来自自己，也来自别人，
教师与学生，相遇，相知，相互成就。
老师可以是学生，学生也可以是教师。

冬天的三角梅，与蓝天相映，与原石相映，如此惊艳。

最宝贵的，也是最慷慨的。

冬日，当别人被雾霾笼罩时，我们能坐在花下品一壶茶，

如何不是人生的一场盛大的"艳遇"？

教育需要有一点"知足"的意趣。

此刻你愿意不愿意

我们去草地

就在那些小花盛开的边上

我们躺下又坐起

看看天

看看地

你看着我

我看着你

无所事事的时光

不知不觉流走

寻找每一天我们最佳的时辰
不要沮丧
走上前去
光彩自会照在我们身上

黯淡是一时
也是永恒的衣裳
忘掉了自己
也忘掉了你与我许多不如意
美妙总是转瞬即逝

依旧在心底
有过，不会再逝去

你一个犹豫
我一个相遇

身体或灵魂
至少有一个在肆意

教育家不是培养出来的，

让学校教育的每一个细节都有意义，

让每一朵花都开出自己的境界。

最美的时辰，最美的教育园地，

不是别人，不是那些所谓的最好，

是我们自己，是我们的日常之中的平常。

阳光月光是事物美的要素，

花开花落是事物美的要素，

山山水水是事物美的要素。

有时没有人的踪迹才是事物之美的真正的要素。

教育有时也是如此，

没有教师的课堂，

有时才是真正的课堂。

苏州园林是很多人的所爱，但是苏州园林毕竟太局促，

我们还需要博大、奔放、超脱的另一种生活与境界。

正如学校教育，我们必须从教育的精致中走出来，

走向大气才会真正拥有未来的一席之地。

112

历史的记忆，在哪里？

文化的气息，是什么？

教育的、学校的、老师的宝藏，

也许就是一棵草，一块匾，

一扇门，一块石头。

大自然的世界，是变化无常的世界。

就如我们的内心，有静水流深，也有风起云涌。

内心世界如何与外部世界契合？

顺变能相互映衬。

顺其自然，悠游其中。

现实人生与教育之中有这种境界吗？

留一个园子，留给诗意。

留一堵墙壁，留给画意。

在这里，

所有的事物都有生命气息。

红枫与翠竹是姐妹，

我们与春天是兄弟。

教育并不需要处处都是"精致"，

需要多一点粗犷、自然，

甚至，原始。

河上的渔船，夕阳照在水上，平常的生活场景，诗一般的柔美。

教育也需要这样的场景，教育的环保生态也是何其重要。

我们要认真区别热情与浮躁，高效与功利，否则是南辕北辙。

一个台阶，又一个台阶，走不完的是历史的记忆。

黎明即起，梦醒或失眠，可以走出门外来写诗。

当我们为学校、为教育而苦恼、烦躁、心灰意冷时，

能不能也退一步，寻一条老街？

在宽宽窄窄中走走，会有一个诗意的场景，

与教育的梦境相契合。

这样的去处，许多城市都有，但会打上自己的烙印。即使同在南方，同在长江之滨，那些花草，那些亭台楼阁，仍有细微的差别。

今天我们考察教育，考察学校，都从文化的背景出发研究了吗？

研究文化的差异，从而使学校与众不同。

教育不就是这丛小花吗？不起眼，也要盛开，盛开得自自然然。

我一直推崇泰戈尔对教育的诗意的诠释。

他说，教育就是向人类传递生命的气息。

这丛小花，虽然弱小，但浑身焕发出澎湃的生命的活力。

教育不是如此吗？

无论高贵、低贱，只要是生命，都要让它绽放，没有任何理由地绽放。

从 2002 年起，毕业生临走前留下纪念物的传统又回来了。

起步石、芳草天涯石，还有一百周年时一百届学生与振华双语实验

学校的首届毕业生的"童子读书图"象形纪念。

恩铒月季园、杏园、樱花园、羽轩等校园景观，

都是学生留下的念想，都是学校永恒的财富。

清晨来到校园，校园里有中华最好最珍贵的太湖石，

那是大自然的造化与千百年来的历史文化积淀。

我想看一下东方的太阳冉冉升起的时候，第一道光是如何照在瑞云峰，

以及周边的那些千姿百态的原石上的。

在我看来，这些象征着这个园子历史精华的石头，是有灵性的。

晨光之中似与人语，向每一个走来的师生鞠躬致意。

我们学校是以明清的建筑风格为主的，

但是也有几幢民国的建筑。

在整个校园，同处于和谐的吴文化的整体风情之中。

教育也一样，需要坚守，同样需要开放。

坚持本土化的同时，不忘国际化。

宽宽窄窄，是巷子，也是世道，

每个门，都是当下，也是曾经。

每一棵树，每一朵花，

在蓝天下，也在阴影里。

故地重游，游的是世故，游的也是心境。

124

走到空旷的地方去吧

那里没有人

只有阳光

你可以静静地坐在草地上想一想

没有对与错

也没有完美与不完美

欠你的就给你

给了你就是舍你

云彩，蓝天

只是一会儿

过一时辰你再看看

它们又在哪里

远处的山与近处的花草，

都有远近的距离。

走走，坐坐，停停，歇歇，

山水本来就在那里，

我们来不来，都是诗意。

推开窗

我看到一棵树

站在我窗前

已是太阳出来的时刻

从暗到明亮

漫天的云彩

与树一起

幻化成

从近到远的希望

一拨一拨的春光，
前一拨春光不是后一拨春光。
一树一树的花朵，
前一树花朵不是后一树花朵。
我走过你走过，
我走过不是你走过，
春光花朵你我，
都是与不是春光花朵你我。

我曾多次自问：教育是什么？

我总告诉自己、教育应该是一股清泉，所谓清泉石上。

活泼泼地流动，没有阻碍，欢快地流动，流入江河。

教育就当如此，纯粹、有激情、有活力，一路都是风景。

当一切都跌落、消失，
世界模糊了、失落了，
唯有你还是原来的自己。

兀自独立，
昂首挺拔，
瞬间之美，
在此诞生。

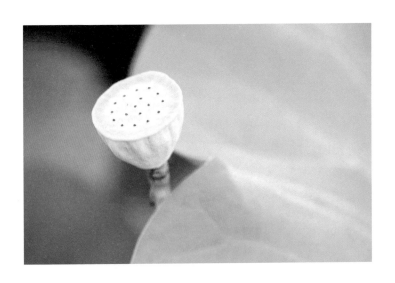

无用之大用：
四季之中，
最肃穆的身影，
我敬畏，
一种精神之美。

孩子是童趣的化身，学校回到童年，

假如学校教育也如此这般，多好啊。

纯粹，天真无邪，还能回得去吗？

那种教育如清泉一样的状态，清澈见得到底。

学校的一切，真诚得如孩子，

那是我们曾经的过去，也是我们追求的未来。

这些小朋友，我一直都记得，

虽然过去了六七年，但那时的情景还在眼前。

去澳大利亚的一所学校访问，到了教室里，孩子们好奇又
快乐。

对他们来说，我们是外国人。

最有趣的是那个手握一枝花的小男生，坐在那里欢迎我们。

他什么也不做，就这样傻呵呵地坐在那里。

不听老师讲课，也不做作业，也不与同学交流，

就这样一直手握一枝花，欢迎我们。

有两个概念一直想搞清楚：名校长与名校的校长。

名校长所在的学校不一定是名校，但一定在他们手中有所进取，做出了很大的成绩。

名校的校长，只是在名校当校长，可能做得很好，也有可能做得平平。

我们不要以"校"取人，以"校"定校长的高下。

对同样的事物，不同的人有不同的想法。

为什么今天的教育一定要标准答案呢？

每天都有标准答案的课堂，会是一种什么样的课堂呢？

假如某一个同学思考问题时总回不到标准答案的轨道上来，

那这个同学是"好同学"还是"坏同学"？

有一堵属于自己的墙

尽管简陋平常

挡不了风雨

也挡不了星光

有一堵本色的墙

不富贵也不堂皇

爬满庄稼爬满花

有了它心不慌

人都要有可以靠一靠的墙

一堵石垒的墙

一堵本色的墙

一堵属于自己的墙

世界上，所有的事物都有自己的特征。

我们是强化它，还是弱化它？

那当下的学校教育取向又是如何？

我在山水中，

我在你一层层的飘渺的故事中，

停下思绪，

我面对山之青葱，

渴望田园中的往事回溯。

我在画中，

我在你流淌着诗意的岁月中，

停下脚步，

我面对远方的山，

想象山中的月色如歌。

江南春天里的诗意，与北方的一定不一样。

江南春天下着蒙蒙细雨的校园的美，

与倔强的豪迈的北方校园的美也是不一样的。

教育是什么？

没有个性与特征的教育是不存在的。

我们的课堂的细节，或所谓课堂的角落，

那些不经意的地方，

不正呈现了我们鲜明的个性与特征吗？

走遍天涯
你还在天涯
走遍千山万水
你还在千山万水

坐在天涯
身在天涯
坐在千山万水
身失千山万水

与你一起寻觅
到后来我却在寻觅你

新春的愿望：

让学校回到童年。

你让我看到的风景，

每一天都不同，

记得你，

三年的陪伴守护。

　　一个偶然，我遇到了一棵树。

　　这棵树，不高大，也不威猛，更谈不上妩媚，

是一棵平平常常的树，但它健健康康。

　　叶子翠绿，枝干有力。

满身的翠绿之中，有一朵花正含苞欲放，浅紫红的

颜色，高贵大方。

　　那不是我们所追求的状态吗？

　　人的状态、生活的状态、生命的状态。

没有谁比谁更高大，也没有谁更卑微，

大家都公平地、平等地享受阳光，

都公平地、平等地沐浴风雨。

我们当下的教育、当下的学校是不是需要反思？

旅途之上，会有逗留，

门庭之前，会有眺望，

停一停，靠一靠，看一看，想一想。

美是含蓄，真是坦荡，善是舒畅，

给自己留下一点空间，

亦即留下一段古典的念想，

异乡走过，即是还乡。

无论怎样贫瘠、荒凉，只要有了阳光，

就会拥有爱和活力。

阳光是爱、是理解、是善良、是执著、是情怀、是担当，

人世间因为有了它而不一样。

一个地方可以贫穷，但是不能没有爱，

一所学校可以条件差一些，但是我们不能对它有丝毫的懈怠，

特别是政策上还需要多加鼓励，

那是阳光的照耀。

有了这些鼓励，无论多么困难的学校，

都会有生命、有活力、有光彩。

一堵墙，一扇窗，一杯茶。

一抹绿色，一种淡雅，一段时光。

无人有人，有趣无趣，无常有常。

放下即拾起，在意即丢弃，

淡淡的思绪即是幽幽的情愫。

今天我为自己悲悯：

一灯如豆的呼唤，

墙壁总是封闭，

自己与自己对话。

我崇尚自然的境界，阳光照在树上，而不是灯光打在树上。

教育更是如此，教育的境界就在于自然流露。

所谓论坛，所谓沙龙，没有准备是最大的准备。

那种即席的表达，那种当场的生成，其实是一生的准备。

没有深入的思考，没有践行，遇事，仓促应对，无论如何都是"摆拍"。

这样的状态现实生活中有存在的理由与价值。

但还是少一点为好。

林中的小道，林中的小溪，

被一缕缕阳光宠爱着，焕发出妩媚的姿态。

色彩是斑斓的，有着渐入佳境的感觉。

美好、美妙。

生命一旦被宠爱，

所有的生命的细节都会呈现光彩。

小巷里，幽静的河埠头。

花瓣，撒落了一地。

这是与学校相隔数米的地方，

探出头来，走上前去，满满的都是安宁，

都是与世无争，都是满足，都是幽幽的时光，

悄无声息。

爬了许多台阶

我才走到这里

一个曾日日进出的人

如今已成雕像站于此地

走上百十步

遗迹一处又一处

历史的恩怨

只是游人残缺的记忆

夕阳的余晖

夏日里总是如血

嘉陵江呜咽之后

也会平息

有一方天地，虽然寒冷、艰苦，

人却能够自由地奔跑、驰骋，展露自己与团队的雄姿，

这是人一生的荣幸，我们有这样的机会吗？

哪怕一次。

教育呢？学校呢？可以松开桎梏，在无垠的教育天空下，

自由奔跑、驰骋吗？

哪怕一次。

穿越时空，是愿望，更是虚妄。

有一点念想，其实，就是信仰。

据说，掉入黑洞，时空就是扭曲的时空。

我们每个人有没有各自的心灵的黑洞呢？

我从远方飞来，

我张开翅膀，

从遥远的历史中的某一个山头，

越过瀑布，越过急流，

越过一棵又一棵悬崖上的树，

飞往我的梦寐以求。

该过去的都过去了。

开过的花，也开过了。

新的藤蔓，又翠绿地爬满墙壁。

雨后的青葱，与阳光的温暖的照耀，

同样都会让人舒畅。

154

教师不要总是以老师的身份走进课堂，

要以学生的视角，体会日常学生听课的感受。

假如孩子遇到一个这样的老师，会是他一生的

幸福。

课堂上对题、切题看似简单，却不简单，

幽默、风趣，都要以丰富的内容、深刻的见解

为基础。

走进去了，义无反顾，似乎潇潇洒洒，

一塘莲荷，一腔恋歌。

一条小路，而路只是水中的一溜踏步。

锦鱼戏水，荷香暗涌。

月光星光，

留在花上、墙上、水上、地上的光，

都不是最亮的光。

世界上有一处沙漠，突然下了一场雨，

雨停了，竟成了花海。

人的内心也一样，喧嚣之中的孤独，寂寞之中的慰安，

都会让"沙漠里开出了花"。

给那些孤独的、不善表达的、有些自卑的孩子一些等待的时间吧，

或许某一个教育契机到来的时候，

就像沙漠里下了一场雨，孩子就会改变。

沙漠里的花是天堂里的花，

沙漠里的花，无论如何美丽，

总有些凄凉。

凄凉之中相伴的只有沙漠的凄
凉之风。

我们的校园，为什么每天都是
欢腾的、喧闹的场景呢？

给我们的师生创造一些独处的
场景吧，

让我们的孩子能够一个人坐在
角落里，坐在树下，坐在寂静
的悄无声息的地方，去沉思。

教育不只需要群体、活动，还
需要有一点点"独善其身"，
自我沉浸的位置。

廊是过渡，廊是延伸。

一步一景，移步换景，

庭院深深，都从这里开始。

教育也一样，课堂也一样，

如何提升境界？也需要有"廊道"，有层次，

不能什么都不一望无余。

教育的、课堂的"廊道"在哪里呢？

沧桑感，是一种美。

不是所有的焕然一新都会让人获得审美的感受。

有些地方，翻新过后，虽有气势，却是修旧失旧了。

沧桑感，虽会感觉破旧，

却让人怀想、流连，

甚至连影子都让人觉得美在骨子里。

几朵小花，

开在残存的遗址，

历史与现实，

残缺与美艳，

相互对比。

岁月本是一种残缺，

历史从来都不能展开，

生命的耀眼，

是曾经的殿堂，

到头来都是一瞬间。

所有的资源，都可以成为教育的资源，
即使遇到艰苦的、落后的环境，
只要我们用心，因势利导，因材施教，
同样会做出教育的美妙作品。

开始与结束，

是一个早晨到傍晚的故事。

横跨岁月是一个漫长的过程，

可是总超越不过春夏秋冬。

换一种视角把握世界，

只不过从这个角落，

换到另一个角落，

与自己躲躲迷藏而已。

看境界不要看大处，要看小处。
春天的花草与春天的山水气息，融为一体，
是生命与生命的相遇，爱与爱的相遇。

你想留住春光，

春光留住了你。

你想张扬芬芳，

芬芳张扬了你。

四月天的季节，

是缠绵季。

多情与无情，

蕴含与隐喻，

热烈与平静，

都在流逝的时光里。

每一个老师心中都要有一个属于自己的好课标准，
并且坚守之。
正如一丛秋天的菊花，
它们的绽放属于自己，
每一朵的美丽都与众不同。

盆景是艺术，但在龚自珍看来，

却是扼杀生命的不道德行为。

教育又当如何呢？

一棵树在天地间可以长成参天大树，

栽种于盆石之中可以成为一件艺术品。

我们是希望孩子长成大树，还是成为艺术品？

特别是对自己的孩子，我们会作出何种选择？

167

走过了两个徽州的古村落，我还在回味，还在比较。

一个与另一个，怎么比较呢?

一个如四书五经，一个如田园诗篇。

一个端庄，一个疏落。

两所学校放在一起，我们能够这样去区分吗?

168

早春的花草是最动人的，新生的美丽是无法比拟的。

美得纯真，美得让人心地善良，

美得让人想留在它们身边不愿离去。

我们的教育，是不是能从中得到什么启发呢?

孩子的那种稚气、柔弱，不是坏事，是最宝贵的品行。

我们能让孩子带着童真长大，

就是最美的。

小河幽幽，

在两条小巷之间流。

一边有柳，

一边有酒。

伤心不是往事，

失落才会悠悠。

无法选择，

就不要选择，

是留还是走。

世界都退隐了，

所有的一切，

鲜艳、淡雅，明亮、暗淡，新生、衰老，深刻、肤浅，

都被白雪覆盖。

覆盖得这么完整、这么彻底。

白茫茫、冷瑟瑟。

干净、寂静。

很喜欢这样质朴而自然的画面，晨曦之中，空气湿润润的。

在广阔的大草原上，几头牛，休闲地觅食。

画面层次感很强，由近而远，远方在缥缈的云雾之中。

那里可能是城市，可能是峰峦叠嶂的更深处。

面对它，我内心有一种期待，对教育未来不确定的期待。

简单的花，

朴素地花。

从冬天开进春天的花，

成人之美的花，

心与心结在枝头的花，

从苦难走进幸福的花。

江南的花，

腼腆的花，

好兆头开在枝头的爱情花。

岁月本是一种残缺，

历史从来都不能展开，

生命的耀眼，

是曾经的殿堂，

到头来都是一瞬间。

竟如此与你相遇，
不可理喻，
竟于此见到你。

真实成为幻影，
可遇与不可遇，
心中有快意，
隐形的翅膀划过天际。

一束光

从早晨到傍晚

从发光到耀眼

用了一百年

一个人还站在原地

一个人已走远

一个是小男孩

一个是小女孩

孝通图书馆与季康亭

并不遥远的顾盼

一起上课

一起出操

磕磕绊绊

眷属未是

终不是遗憾

走在人生的边上

每个人都会有傍晚

或明，或暗

绽放卑微的小花

一段旅行，总有忘不了的故事。

这个一瞬，这三个女孩，

渴望的眼神，令我难忘。

对这个世界来说，我们何尝不是这样，

每天乞舍，只是自己不曾察觉。

不可思议成了可能，

教育外面的世界正在引导着教育，

可教育还是茫然。

走出去，才能找到自己，

但我们一旦走出去了，还能回来吗？

未来的人能从我们现在走出去吗？

校园同样是细节的艺术。

大树底下，过草难生，

而我们的校园，恰恰大树多。

大树底下铺卵石路，种能成活的草。

无论走在何处，都能经得起推敲。

180

抬头仰望，大地无边。

蓝天白云，久违的天空。

我们能够多做些就多做些，能够给别人多些余地就多给些。

你看，天空在洗净了大地的同时，也洗净了自己。

只有大地澄明了，天空才能澄明。

走在阳光下的校园，

每一个瞬间，每一个角落，都给人感悟。

对校长而言，我们不要表现太多，

我们要做白墙，给教师更多的主角地位。

对教师来说，同样如此。

我们要给学生更多表现、展示、成长的机会。

甘于做陪衬、陪伴，那是一个理想教育者应有的素养。

美丽的剥落

亦是生命的剥落

如夕阳的西落

你带我进入这样的场地

却是以寂寞陪伴寂寞

人的一生

不会遇上几次这样的时分

我很荣幸

由你陪伴我走上真正寂寞的旅程

繁华褪尽

我们的美丽

亦能展露一层又一层

走过一片森林，来到一个山涧，

乱石横布，水花四溅。

在角落处，两块巨石间有一片清泉。

很震撼的一个景象，

苍天、巨石，

似乎都要向人压下来。

天地悠悠，人之无奈。

184

走了千里万里
只是为了来看你
有意无意
寻寻觅觅回头即相遇

我是为了你
还是你是来为我
这般情谊
这般专注之中的不经意

来了又去
去了又来
彷徨徘徊
唯心中念念苍天赐意

卑微没有什么不可以，
我知道你不在那里，
我为什么喜欢你，
因为阳光在你身上肆意。

卑微没有什么不如意，
我知道你在那里，
我为什么选择你，
因为阳光给了你诗意。

转眼已是秋日，

谢谢你还记得，

青青的草地，

如今都已枯萎。

相会是草原上的一轮月，

谢谢你还记得，

春去秋来，

皆为以后冬的回忆。

夕阳下的湖泊，静谧、宽广，

人站在那里，与天地一起昏暗，人也成了夕阳中的一景。

湖泊与树上的鸟禽一样，也会在落日中叫个不停。

不管我们愿意不愿意，都要站直了身体，告别一天，迎接黑夜。

每一个不同时辰的树影，

代表树的不同时辰的心情。

墙上的树影，

情人给情人投下的倩影，

不同时辰的倩影，

是恩恩怨怨，

留下不同情绪下的心影。

今天，我终于在时光里，

驻足了一会儿，

我看到花朵绽放，

我鼓足勇气，

不怕别人讥笑。

世俗，你走一边吧，

我要为等待这么久的今年的第一朵花，

写一首情诗。

明亮的早晨是美好一天的开始。

从早晨走向傍晚，是长长的路程，也是短短的一瞬。

一天内遇到阳光，还是风雨，取决于我们的内心。

内心有，什么都有。

我走过的桥

许多年前的风吹过

雨下过

我走过的路

许多年前的先人

停过

又路过

三百六十五天

春夏秋冬

都是一瞬过了又一瞬

永恒 守望是一种

学校每一个地方都是师生学习、休闲的场所，

大方、质朴，体现教育的理念与理想。

静静守护学生成长。

学校是孩子生命成长的地方，

一切都是为了孩子的生命成长而存在。

校园草坪上的小草，其快乐就来自孩子对它们的踩踏。

今天我沿着西花园的草坪，从不同的角度，以不同的视野去看、去想、

去领悟，

以期进入她丰盈的内核。

学校是文化知识的汇聚地，
是一幅行走的文化图卷。
学校中的古建筑、美丽风景，
都对学生产生了持续的影响。
所谓书香校园是也。

这样的老房子，是历史的一页。

这样的场景，不仅存在于风景区，

还在百姓日常的生活之中。

教育同样如此，

在平常之中，在日常之中体悟追求，

这就叫"真水无香"。

深秋的西花园，梧桐黄了，银杏黄了，

天空也是迷蒙的样子，

小道小径上落下的也是迷蒙的影子。

坐过的人走了，走了的有的会回来。

这些石凳子一年又一年，依然在这里，

似乎是人的内心的坚守。

春天里的路，

与春天里的树，

是一个在故乡的人，

对另一个在异乡人的诉说。

春天本不该孤独，

可竟然孤独，

树说，

路也说。

一座亭子，一口老井。

斑驳的岁月，斑驳的情感。

曾经的生活方式，一旦被取代，

不管是愿意还是不愿意，都会成为念想。

日新月异，是好事，也是遗憾。

有时，坚守比"改革"更难。

教育犹是如此。

一转身，我看到了这扇红门。

几百年的历史，曾经的荣耀，只剩下了这堵沧桑。

没有留住的踪迹，似乎一切都未曾生存，留下的也成了念想。

薄薄的初雪，与红门相对照，

它承载的生命意义，从映射到红门的那一刻开始，得到了升华，

新与旧，历史与现实，永远与短暂，敬畏与超脱，不同凡响。

罗曼·罗兰说，世上只有一种真正的英雄主义，

那就是认清生活的真相后依然热爱生活。

什么是真正的教育的英雄主义？

就是在认识了社会的真相后依然热爱学校。

走了很多地方，去了很远的地方，

发现自己喜欢的还是简单、平常、原生态的气息。

走了很多地方，走了很远的地方，

当找到这样的地方，才发现，这样的地方身边也有。

有时不必舍近求远，

对教育的追求，对真理的追求，

对生命意义的追求也一样。

不知从何时开始，校园也浮躁了。

为了产生效应，为了出新闻，

做着许多外在与形式华丽的事情。

何时评优课不再是表演课，论坛不再是成果展示，

就"返璞归真"，进入了教育的本质了。

让我们从自己开始，从每一天、每一时的真实的校园生活开始。

穿过原野上的小路，
我们走向无拘无束的旷野，
野花开在两旁，
芬芳飘荡。

两棵树隔着小路眺望，
树叶微微摇荡，
我们穿过田野，
小路蜿蜒，
不知何方是远方。

秋天是最美的，美在郊外。

但本该宁静的地方，早已是人声鼎沸了。

叫卖声、吆喝声不绝于耳。

不过——

只要我们内心还能坚守一份平静，

就能找到一片静谧之处。

正如今天的教育，只要坚守，

那个小小的园子，还是圣地。

平静，是境界。

安详，是最美的时光。

只有时光不死，却说死去的只有时光。

愿望即奢望，奢望即无望。

我们从那里来，偏不向那里去。

我蹲下、躺下，

放下我的姿势，仰视你，

你如此挺拔轻盈，

青春美貌。

世界如此清新，如此美好。

在这个早晨，

我在遥远的山山水水之外，

对着这丛格桑花，

向你问好。

哲理、禅意与教育

端坐在这里，永不离去，

不依不舍，不急不去，不离不取。

天地苍生，一个看得见，一个看不见。

在心里与不在心里，苍苍茫茫，都是如此。

是明还是暗，就在有无阳光的一瞬间。

有趣无趣，就在灯笼点亮的一瞬间。

你与我照应，我与你呼应，

美美的画面，就出现在心里柔软的一瞬间。

佛国的小巷，我伫立于此。

僧人来去，有的淡定，有的步履匆匆。

凝望、想象，渴望外部世界。

孩子，多彩的世界，属于每一个人，

任何人对你们都不能有丝毫责怪。

长亭、古道、夕阳、笛声，
景色寂静而冷落，情绪激动而深沉，
这种离愁情绪，幽美又让人百感交集。
在这之中，却是以看破红尘为底色，
尽管这种底色是淡淡的，淡到若有似无。

211

暴雨模式，使校园成为了一个水世界。

所有的事物都在水中，水成了真正的主宰。

瑞云峰的水池满满的，底座也都浸润于水中了。

倒影中，两个瑞云峰相辉映，

一真一幻，美哉，校园。

我请你去小坐，

我请你的时候也不多。

旧雨，你来了可没有坐，

今雨，你没来我却留你座。

自怜，只要有一间小屋，

你的世界我都可以留住。

平时离你只有十里，

不知道你就在这里，

一场雨，雨歇，

出门而去。

竟然你在此地，

平静素雅竟如此怡然美丽，

我站立，我无言无语，

一时竟不知所以。

春寒之后仍然有春寒，
花谢之后仍然有花香，
朦胧的月光，
是你我挥不去的淡淡的惆怅。

生命的真意，
来自生命的温馨。
生命的呵护，
是对生命的敬畏。
水上的一幕，
胜过人间无数的教诲。

216

蓝天、白云、远山、近草。
阳光倾泻而下。
看到这宽阔天地，人心也宽阔起来，
走出城市狭小的空间，
走一走，吹吹风，
是心灵的一次洗礼。

深秋之荷

是斑驳墙上的一幅画

是岁月的水渍

斑斑点点

都不是骤然离去

蓦然回首

一切繁华

都成过去

人与人的关系，有时就像树与树的关系。

一棵树，是一个世界。

两棵树，或相对或相依，其实仍然是一个世界。

这个世界与另一个世界，这棵树与那棵树，

是什么关系？

是偶然，还是必然？

蜂拥而上的不只是云，

漂流而来的也不只是雨，

你以为我只是如此顺道来看你，

你以为我是如此不经意。

云与水，

谁是谁？

所有的过去都已过去，

所有的美丽都交给落日余晖。

平静中的等待是回忆，

一瞬间之后，

来不及挥手，

来不及道别，

我们都已踏上归途离去。

人总在物的背景下，

花也该在人的背景下。

可我把你放到一座孤独的岛屿，

我把你想象成枝头唯有的花。

由门触发的

教育遐想

看过多少春花秋月，走过多少风雨雷电。

打开了，又关闭了。

历史的斑驳，可以成为一幅画。

能够入门的，总不在门里面。

不在才是永恒，在都是云烟。

让梦可以安心的地方，一定是这样的地方。

梦是一个自我、任性、率真的小孩子，需要小心呵护。

有岁月的庇护，有花草树木的庇护，有内心深处那一点点念想的庇护。

这里，远避尘嚣，偏僻、幽静、深邃，或许这里就是梦肆意栖息的家园了。

老锁，挂在门上能锁住什么呢？

只是一个姿态、一种表达而已。

心锁，有没有老旧之分呢？

挂在心上，那可不是一个姿态、一种表达了。

那是一种决断、一种重新开始。

我走过无数的门，也写过无数的门，

这扇门一定是异乡之门，让人一见就忘不了。

简单而深邃，绿影之下，岁月之中。

尘世之外，天地悠悠，

台阶之上，岁月之上。

有一种门只能进，不能出，

那是时光之门。

但学校之门是可以进进出出的，

从社会、家庭走入学校，再从学校回到家庭、社会。

一所学校一座城。

学校之门，是未来之门。

门与门面是两个概念。

门是通道，讲究实用，门面是门的装饰。

是做门本身还是做门的形式？

门在于能通行，自由进出，

门面重于象征，蕴含着文化意义。

我们考虑过学校之门与学校的门面吗？

门里有门，庭院深深。

我们常常以为入了门，其实并没有。

对学校也是如此。

在学校多年，以为理解了学校、懂得了学校，

其实，只是浮在表面，

并没有真正理解教育，真正进入教育的本质。

228

走在廊里，与走在路上有何区别？

路上竖一扇门，与廊里装一扇门，

区别又在哪里？

既然廊是敞开的，还装门干什么？

路上的门，有时也只有一个框，

不能关闭，又要它干什么？

许多看似没有意义的问题，还是可以深究的。

这扇门，我很敬仰，

当年钱锺书在此读书，

我相信他是进过这个门的。

从门内一定得到过很多东西，

——知识、情感、理性等。

如今他的半身雕像，端坐在门外，成为校园的骄傲。

成为母校的守门人，

守护着母校的精神家园。

平时不经意的角落，

有了岁月的装点，

有了美与虔诚的心灵的滋润，

也会在那一刻鲜亮起来。

这里就是这样的地方，

门里门外，窗里窗外，

一切都在绽放，

秋的绽放，情感的绽放，

所有有生命与无生命的事物都在绽放。

我站在这里，我就是我。

这抹绿意，是我内心的向往。

如何让老师、学生，都站成自己？

好课的标准，不只是专家的评判，

每一个老师心中都有一个属于自己的标准。

我们不可能让大地都充满绿色，

但我们可以用绿意装点校园、课堂，

我们已经很满意。

古典的不起眼的小门，在东操场的不经意之处，

专为隔壁沧浪幼儿园小朋友设立的。

学校的西花园也是小朋友的乐园，

可是为了安全，小朋友入园以后就不能再出门了。

我们有一个共同的意愿，破墙开门。

从此，这个门，成为校园的一景。

但又不仅仅是风景，而是理想，是融入了未来希望的真正的诗意之门。

凡事都要想明白了，做还是不做？

门也是这样，进还是不进？

进一道门就是过一道坎。

不要以为过了一道坎，就入了门，还早着呢。

还会有二道门、三道门，横在我们面前。

小到交友，中到做学问，大到人生，都是如此。

我们看事物有时应该超脱一点，
比如墙与门的关系，
有墙必有门？ 有门必有墙？
门与墙，是危险与安全的关系。
而亭子是最完美的建筑，
无墙也无门，
无所谓安全与危险，
才是真正超脱与超然了。

门外也能让人流连，

何必一定要入门呢?

门外的风景也许更好，

人生的意义也许在此。

图书在版编目（CIP）数据

教育是美的 / 柳袁照著 . —上海：华东师范大学出版社，2017

ISBN 978-7-5675-6380-3

Ⅰ . ①教 ... Ⅱ . ①柳 ... Ⅲ . ①教育—文集 ②艺术—作品综合集—中国—现代

Ⅳ . ① G4-53 ② J121

中国版本图书馆 CIP 数据核字（2017）第 074557 号

大夏书系·教育随笔

教育是美的

著　者	柳袁照
策划编辑	朱永通
审读编辑	任媛媛　杨　坤
装帧设计	奇文云海·设计顾问

出版发行	华东师范大学出版社
社　址	上海市中山北路 3663 号　邮编　200062
网　址	www.ecnupress.com.cn
电　话	021‑60821666　　行政传真　021‑62572105
客服电话	021‑62865537
邮购电话	021‑62869887　　地址　上海市中山北路 3663 号华东师范大学校内先锋路口
网　店	http://hdsdcbs.tmall.com

印 刷 者	北京博海升彩色印刷有限公司
开　本	700×1000　16 开
插　页	1
印　张	15.5
字　数	123 千字
版　次	2017 年 9 月第一版
印　次	2023 年 8 月第五次
印　数	10 101~11 100
书　号	ISBN 978‑7‑5675‑6380‑3 / G·10299
定　价	45.00 元

出 版 人	王　焰

（如发现本版图书有印订质量问题，请寄回本社市场部调换或电话 021-62865537 联系）